U1017714

职业院校经管类专业平台课教材

会计基础知识与技能

佛山市南海区信息技术学校　编

中国轻工业出版社

图书在版编目（CIP）数据

会计基础知识与技能/佛山市南海区信息技术学校编．—北京：中国轻工业出版社，2020．9

职业院校经管类专业平台课教材

ISBN 978-7-5184-2173-2

Ⅰ．①会…　Ⅱ．①佛…　Ⅲ．①会计学-高等职业教育-教材　Ⅳ．①F230

中国版本图书馆 CIP 数据核字（2020）第 135607 号

责任编辑：张文佳　　责任终审：张乃柬　　封面设计：锋尚设计
版式设计：砚祥志远　　责任校对：朱燕春　　责任监印：张　可

出版发行：中国轻工业出版社（北京东长安街 6 号，邮编：100740）
印　　刷：三河市万龙印装有限公司
经　　销：各地新华书店
版　　次：2020 年 9 月第 1 版第 1 次印刷
开　　本：710×1000　1/16　印张：10．5
字　　数：220 千字
书　　号：ISBN 978-7-5184-2173-2　　定价：35．00 元
邮购电话：010-65241695
发行电话：010-85119835　传真：85113293
网　　址：http：//www．chlip．com．cn
Email：club@chlip．com．cn
如发现图书残缺请与我社邮购联系调换
180791J3X101ZBW

前言

PREFACE

“会计基础知识与技能”是职业院校财经商贸类专业的基础课程，由于近期国家对《企业会计准则》等相关财税政策做出了重大变革，教材的内容理应适时进行修改，以满足当前社会经济发展与职业教育的实际需求。本书组织了具有多年教学经验及实践能力的一线教师和企业专家精心编写，以基础会计的教学标准为指导，以实现人才培养与企业需求同步为目标，着力提高学生的操作技能水平和综合职业能力，有针对性地适应中小企业的实际情况。

本书采用项目化形式与会计工作流程结合来编写，围绕项目情境，通过分析、导入学习知识与技能，实现项目目标，并以项目总结与职业技能训练等环节加以巩固，力求理论知识够用，突出对学生实际运用与综合职业能力的培养。本书具有以下 3 个特点：

（1）实用性。本书重点放在具体的应用和使用上，大量的贴近实际应用的案例贯通始终，通俗易懂。加上必要的理论知识，满足相关人员对会计基础知识的理解和理论的提升。

（2）针对性。本书吸收了国家最新的财经法规，特别是《小企业会计准则》，立足中小企业岗位工作需求，采用“项目导入、任务驱动”的教学方法，以“好用、有用、实用”为宗旨，对相关的内容和环节进行优化，提高学生学习的效果。

（3）规范性。本教材理论表述及实践技能操作均以《中华人民共和国会计法》《小企业会计准则》等相关法律法规为依据，内容完整、言简意赅。基本技能的掌握突出学以致用与操作技能的培养，加强对学生职业素养的引导，以促进学生的就业能力、可持续发展能力和后续学习的能力。

本书可作为职业院校财经商贸类及其他相关专业课程的教学用书，同时也可作为在职人员的培训教材或自学参考使用。

本书具体编写分工如下：项目 1 由彭次荣编写；项目 2 由朱莉莉编写；项目 3 由张银编写；项目 4 由陈凯联编写；项目 5 由高洁编写；项目 6 由张玮娟编写；项目 7 由覃忠健编写；项目 8 由曾晓岚编写。全书由彭次荣策划并统稿，覃忠健拟定大纲并参与统稿，由各位编者协助完成相关的工作。

在本书的编写过程中，参考和引用了许多国内外有关的论著素材或资源，在此对这些作者表示衷心的谢意！本书已尽可能列出所参考的文献资料，但由于编者的疏忽也会有没有具体指明出处的情况，在此表示万分歉意。

由于编者的水平有限，且会计的相关法规会不断修改完善，本书在叙述中难免存在不足之处，衷心希望读者和同行批评指正。

编者

目　录

CONTENTS

项目1 认识会计和会计工作

项目情景设计

晓莉刚进入大学一年级就接触到了会计基础课程，什么是会计？会计工作是干什么的？过去虽然听过这个词，但会计具体学什么，做什么还真不知道。它对以后的就业创业有什么帮助呢？毕竟这是一门全新的课程。

项目目标

能力目标：知道会计的产生和发展演变，知道什么是会计，能理解会计的职能和作用，熟悉会计对象，知道会计机构、会计人员及会计工作的组织和管理。理解各种会计核算方法、会计假设，理解应用权责发生制，熟悉理解会计要素及会计等式，理解应用会计科目与会计账户及其关系，了解复式记账，掌握借贷记账法的原理和应用。

知识目标：知道会计的概念、会计的职能、会计的对象以及会计工作的组织和管理，理解会计核算方法、会计假设，能说出权责发生制，理解会计要素及会计等式，能理解应用会计科目与会计账户及其关系，说出其结构和反映内容，了解复式记账，掌握借贷记账法的原理和应用。

素养目标：培养学生善于观察分析、归纳总结的习惯，养成诚实守信的职业品质，培养严谨求实的工作作风。

项目分析

认识会计和会计工作是我们学习会计的基础，其反映了会计基础的概念、方法和原理，是学习会计基础的前提和重要组成部分。晓莉要学好会计，首先必须懂得什么是会计，学习会计有什么用，其基本职能是什么，还要知道会计的方法和基本原理是什么，权责发生制是什么，同时要懂得会计要素、会计等式、会计科目、会计账户，并学会应用复式记账法中的借贷记账法。这样才能为学好会计和做好会计工作打下基础。

任务1　了解会计与会计职业

一、任务导入

在现实生活中，我们经常听到“会计”这两个字，差不多每个单位也都有会计，会计真的离我们很近。有人说会计是一个人、一份工作、一份职业……晓莉的姑妈是一个在财务部门工作的人，她就是会计，这里说的是会计人员，是一份职业，她的工作可以叫作会计，但这都不是会计的真正含义。那什么是会计呢？

二、任务分析

了解会计与会计职业，首先要清楚什么是会计，并从会计的产生和发展演变进一步加深对会计的了解，进而学习会计的职能和作用，熟悉会计对象，明白会计需要核算哪些经济业务，最后要知道会计机构、会计人员及会计工作的组织和管理。通过本任务的学习，达到了解会计和会计职业的目的。

三、知识百宝箱

（一）什么是会计

会计从产生到现在已有很长的历史，它是顺应社会生产实践和经济管理的客观需要而产生的，会计是为经济发展服务的，是经济管理必不可少的工具和重要组成部分。它随着社会生产的不断发展而发展。经济越发达，管理越要加强，会计的作用就越重要。现代企业的会计工作通过一定的会计方法和程序，对企业的经济活动和财务收支进行核算和监督，为企业管理者和其他管理主体提供可靠的经济信息，从而加强企业管理水平，提高经济效益。

因此，会计是以货币为主要计量单位，运用专门的方法，对经济活动进行核算和监督的一种经济管理活动。

会计的特征有以下5点：

（1）会计是一种管理活动。这是会计的本质，会计为经济管理提供各种经济信息数据，参与经济管理。

（2）会计对经济活动进行核算和监督，这是会计的基本职能。

（3）会计以货币为主要计量单位，这是会计的主要特点。

在经济活动中，计量单位有实物量度（千克、吨、米、台、件等）、劳动量度（日、时等）和货币量度（元、角、分等）三种，会计必须借助统一的货币量度来反映企业的生产经营情况，以便于统一衡量和综合比较。因此，会计以货币为主要计量单位，对经济业务进行核算。

（4）会计具有连续性、系统性、全面性的特点。

（5）会计有一系列科学实用的专门方法。

（二）会计的产生和发展演变

会计是一种经济管理活动，人类对生产活动及其成果的计量和记录的需要产生了最原始的会计，这就是会计的萌芽。会计起源于社会生产，也随着生产活动的变化发展而发展。会计的发展大致可以总结为三个阶段。

1. 古代会计阶段

古代会计阶段主要指从旧石器时代的中晚期至封建社会末期的这段漫长的时期。据史籍记载，我国早在西周时代就设有专门核算官方财赋收支的官职——司会，并对财物收支采取了“月计岁会”（零星算之为计，总合算之为会）的办法。宋代官厅，办理钱粮报销或移交，要编造“四柱清册”，创立了“四柱结算法”。所谓“四柱”，是指旧管（上期结余）、新收（本期收入）、开除（本期支出）和实在（本期结存）四个栏目。通过“旧管+新收=开除+实在”这一平衡公式进行结账，这四柱平衡关系形成了会计上的方程式，这不仅成为我国传统的中式记账法（中式簿记）的一个特色，而且在世界范围内也一直沿用下来，是我国会计学科发展的一个突破。明末清初时期，中国又出现了一种新的以四柱为基础的记账法——“龙门账法”。此账法是山西人傅山根据唐宋以来“四柱结算法”原理设计出的一种适合于民间商业的会计核算方法，其要点是将全部账目划分为进、缴、存、该四大类。“进”指全部收入，“缴”指全部支出，“存”指资产并包括债权，“该”指负债并包括业主投资，四者的关系是：该+进=存+缴，或进-缴=存-该。也就是说，结账时“进”大于“缴”或“存”大于“该”为盈利。这种用双轨计算盈亏并检查账目平衡关系的会计方法，形象地称为“合龙门”，“龙门账”因此而得名。“龙门账”的诞生标志着中式簿记由单式记账向复式记账的转变。到了清代，在“龙门账”的基础上设计发明了“四脚账法”。四脚账是一种比较成熟的复式记账方法，其特点是：注重经济业务的收方（即来方）和付方（即去方）的账务处理，不论现金收付事项或非现金收付事项（转账事项）都在账簿上记录两笔，即记入“来账”，又记入“去账”，而且来账和去账所记金额必须相等，否则说明账务处理有误。这种账法的基本原理已与复式记账法相同。

2. 近代会计阶段

一般认为，近代会计应从1494年意大利会计学家卢卡·帕乔利所著《算术、几何、比及比例概要》一书公开出版开始，直至20世纪40年代末。此间有两方面重大发展：一是复式记账法的不断完善和推广；二是成本会计的产生和迅速发展，继而成为会计学中管理会计分支的重要基础。1853年，英国在苏格兰成立了爱丁堡会计师协会，该协会是第一个注册会计师协会。

3. 现代会计阶段

现代会计阶段是自20世纪50年代开始到现在。主要标志为：一是会计规范（制定会计准则）和会计核算技术方面质的飞跃，即现代电子技术在会计中的应用，简称“会计电算化”，第一台电子计算机于1946年在美国诞生，1953年便在会计中得到初步应用，其后迅速发展，使会计信息的收集、分类、处理等操作摆脱了传统的手工操作，至20世纪70年代，发达国家就已经出现了电子计算机软件方面数据库的应用，并建立了电子计算机的全面管理系统；二是会计伴随着生产和管理科学的发展而分化为财务会计和管理会计两个分支，会计在经济各领域的作用越来越重要。现代会计已经建立和不断发展。

（三）会计的基本职能

会计职能就是会计在经济管理中内在的客观功能，会计在经济管理中的作用是通过会计职能来实现的。会计的基本职能是对经济业务活动进行核算和监督。

1. 会计的核算职能

会计的核算职能，亦称会计的反映职能，就是通过一定的会计方法，遵照财务会计准则的要求，为经济管理搜集、处理、存储和输送各种会计信息。

会计核算贯穿于经济活动的全过程，是对经济活动进行事前、事中、事后的核算，会计核算的职能主要是从数量方面综合反映企业单位已经发生或已经完成的各项经济活动，即事后核算，它是会计的基础工作，主要通过记账、算账、报账、分析、考核、报表等形式把企业单位大量分散的经济业务转化成一系列可供分析决策的经济信息，并为经营管理、税收、统计等部门使用。会计核算过程大概有以下3个阶段：一是信息确认阶段，通过这个过程进行信息筛选，去伪存真，将虚伪假冒及失真的信息揭示出来、清除出去，为整个优化信息的过程奠定基础，确保财务会计信号的真实可靠。二是核算工作阶段，核算过程包括制证、计量、记录、归类、组合、测试、编表等环节，这个过程体现为对若干会计方法的具体应用。三是会计信息系统形成和应用阶段。这样把确认、核算、信息应用三个阶段结合起来，而后通过电子计算机技术处理，把会计信息进行分解、传递、交换等，供管理者、决策者等部门选择使用。

2. 会计的监督职能

会计的监督职能，亦称会计的控制职能，是指通过调节、指导、控制等方式，对客观经济活动的真实、合理、合法有效性进行考核与评价，并采取措施施加一定的影响，以实现预期的目标。

3. 两个基本职能的关系

会计的核算职能是会计发挥监督职能的基础，没有核算职能提供的信息，就不可能进行会计监督，因为如果没有会计核算提供可靠、完整的会计资料，会计监督就没有客观依据，也就无法进行监督；会计监督又是会计核算的保证，是会计核算的延续和深化，没有监督职能进行控制，提供有力的保证，就不可能提供真实可靠的会计信息，也就不能发挥会计管理的能动作用，会计反映也就失去了存在的意义。因此，会计核算职能和监督职能是相辅相成、辩证统一的。

会计除了两个基本职能外，还有一些职能，如经济前景预测、参与决策、科学筹集资金、加强现金流量管理、评价经营绩效等职能。

（四）会计对象

会计对象是指会计所核算和监督的内容，就是会计工作的客体。虽然会计贯穿企业单位经济活动的全过程，但不是所有的经济活动都是会计工作的内容，因为会计需要以货币为主要计量单位，所以会计的对象是指特定主体能够以货币表现的经济活动。以货币表现的经济活动通常又称为价值运动或资金运动。

1. 会计对象的抽象描述

会计对象的抽象描述，是指能用货币表现的经济活动，即价值运动或资金运动。资金运动主要有以下三种表现形式：

资金投入：企业通过吸收投资、发行股票或债券、银行借入等来筹集资金，前三项形成企业所有者权益，最后一项形成企业负责，投入企业的资金可以是货币资产也可以是实物、无形资产等，资金投入是企业资金运动的起点。

资金运用：企业用货币资金购买材料，形成储备资金。工人利用自己的生产技术，借助于机器设备对材料进行加工，发生的耗费形成生产资金。产品完工后形成成品资金。将产品销售，收回货款，得到新的货币资金。这样，资金形态不断转化，从而实现增值。

周转过程表现为：货币资金→储备资金→生产资金→成品资金→新的货币资金。

资金退出：企业偿还银行借款、缴纳税金、向投资者分配利润、股利等。这部分资金离开企业，退出企业资金周转，是企业资金运动的终点。

2. 会计对象的具体描述

会计对象的具体描述是指会计工作内容应该是详细具体的，这就要求必须把企业的资金运动进行分类，使之具体化。对资金运动进行的分类就是会计要素，对会计要素进行的分类，就是会计科目。根据我国会计准则的规定，企业的资金运动分成六大要素，即资产、负债、所有者权益、收入、费用和利润，而每一会计要素又可分成若干会计科目。根据《中华人民共和国会计法》，以下经济业务事项需要办理会计手续，进行会计核算：①款项和有价证券的收付；②财物的收发、增减和使用；③资本、基金的增减；④债权债务的发生和结算；⑤收入、支出、费用、成本的计算；⑥财务成果的计算和处理；⑦其他需要办理会计手续的事项。

（五）会计机构和会计人员

1. 会计机构设置和要求

会计机构是企业、行政事业单位组织处理会计工作的职能部门。各企业、行政事业单位都应按《中华人民共和国会计法》（以下简称《会计法》）的规定设置会计机构，或者在有关机构中设置会计人员并指定会计主管人员；不具备设置条件的，应当委托经批准设立从事会计代理记账业务的中介机构代理记账。

会计机构设置原则：

（1）根据企业单位的规模大小、会计工作的繁简来确定会计机构的设置形式。

（2）会计机构的设置应建立在科学组织、合理分工的基础上。

（3）应按“内部牵制”的原则做好会计机构的内部分工。

2. 会计岗位（职业）和会计人员

（1）根据《会计基础工作规范》规定，各单位应当根据会计业务需要设置会计工作岗位。会计岗位一般可有：会计机构负责人（或会计主管人员）、出纳、财产物资核算、工资核算、成本费用核算、财务成果核算、资金核算、往来核算、总账报表、稽核、档案管理等。可一人一岗、一人多岗或一岗多人，但根据“内部牵制”的原则，出纳员除了登记现金、银行日记账以外不能再兼任其他会计账簿的记账工作；银行存款余额调节表的核对不能由经手银行存款的出纳人员担任；凭证的填制和审核不能由一人兼办等。各单位对会计人员的工作岗位要有计划地进行轮岗。

（2）凡是从事会计工作的人员，必须取得会计从业资格，持有会计从业资格证书，这是从事会计职业的“准入证”（2017年取消规定）。担任会计机构负责人或会计主管人员的，还应具备会计师以上专业技术职务资格或者从事会计工作3年以上。国家机关、事业单位聘用会计人员应实行回避制度。

3. 会计人员职责

《中华人民共和国会计法》将会计的主要职责规定为进行会计核算和实行会计监督两个重要方面。《会计人员职权条例》中明确了会计人员的具体职责：

（1）会计人员应按照国家财务制度规定，认真编制并严格执行财务计划、预算，遵守各项收支制度、费用开支范围和开支标准，合理使用资金，正确计算各项税金并保证及时入库。

（2）按《企业财务通则》《企业会计准则》的规定，认真进行会计核算，即记账、算账、报账，做到手续完备、内容真实、数字准确、账目清楚、日清月结、按期报账。

（3）按照银行结算制度的规定，合理使用贷款，加强现金管理，做好货款的结算工作。

（4）按照经济管理的要求，定期检查、分析财务计划、各项预算的执行情况，挖掘增收节支的潜力，考核企业资金的使用效果，及时发现经营管理中存在的问题，并向单位领导提出建议。

（5）按照《中华人民共和国会计法》中的要求，妥善保管会计凭证、账簿及会计报表等档案资料。

（6）遵守、维护国家财经制度及财经纪律，同一切违法乱纪行为做斗争。

（六）会计工作组织管理和会计法律法规

1. 会计工作管理体制

我国《会计法》规定，国务院财政部门主管全国的会计工作。县级以上地方各级人民政府财政部门管理本行政区域内的会计工作。我国会计工作实行“统一领导，分级管理”体制，即在国务院财政部门统一规划、统一领导的前提下，实行分级负责、分级管理，充分调动地方、部门、单位管理会计工作的积极性和创造性。

2. 会计法律法规

我国会计法律制度基本形成了以《会计法》为主体的会计法律体系，包括会计法律、会计法规、会计规章、地方性会计法规等。

（1）会计法律。会计法律，即会计法，是指调整社会经济生活关系中会计关系的法律总规范。会计法律是指由全国人民代表大会及其常委会经过一定立法程序制定的有关会计工作的法律，是我国会计法规体系的最高层次，是制定其他会计法律的依据，也是指导会计工作的最高准则，是会计机构、会计工作、会计人员的根本大法。目前有《中华人民共和国会计法》和《中华人民共和国注册会计师法》。

（2）会计法规。会计法规是指调整某些方面会计关系的法律规范。按照制定或批准的机关不同，会计法规也可分为会计行政法规、地方性会计法规和自治会计法规。其中，会计行政法规由国务院制定并发布，或者由国务院有关部门拟定经国务院批准发布，是会计法律的补充和具体化，法律效力上仅次于会计法，如《企业财务会计报告条例》《总会计师条例》《会计职称条例》等。

（3）会计规章。会计规章主要是指由主管全国会计工作的行政机关——财政部就会计工作中的某些方面所制定的规范性文件。国务院其他各部门依据其职责制定的有关会计工作的规范性文件也属于会计规章，但必须报财政部审核或者备案。会计规章的制定依据是会计法律和会计行政法规，如《企业会计准则》《企业会计制度》《会计监督管理办法》《内部会计控制规范》《会计档案管理办法》《会计电算化管理办法》《会计从业资格管理办法》《小企业会计准则》等。

（4）地方性会计法规。地方性会计法规由省、自治区、直辖市人民代表大会及其常务委员会制定发布，制定的依据是《会计法》，并不能与会计行政法规相抵触。

任务2　学习会计基本方法

一、任务导入

晓莉通过第一个项目的学习懂得了什么是会计，对会计的发展、会计工作等有了较全面的了解，但对于如何做好会计还是不太清楚，看来晓莉还要学习会计基本方法。

二、任务分析

想要学习会计基本方法，首先要对企业会计核算对象的具体内容即会计要素有一个总体的理解。通过学习理解会计要素的概念，熟悉会计要素的具体内容，同时理解会计要素之间关系构成的会计等式，熟悉不同经济业务类型对会计要素的影响；在此基础上了解会计核算方法的内容及其相互关系；理解会计假设和会计基础，理解权责发生制。能熟悉会计科目与账户，了解会计科目的概念、分类，理解账户的概念、账户设置，明确会计科目与账户之间的区别与联系，熟悉各账户结构；能解释复式记账的基本原理，能解释借贷记账法的概念和基本内容，明确账户的对应关系和对应账户的含义，能熟练地根据经济业务编制会计分录（记账凭证），及根据会计分录（记账凭证）登记简单的“丁”字账；能借助试算平衡原理编制试算平衡表。

三、知识百宝箱

（一）会计要素和会计等式

1. 会计要素的含义和分类

（1）会计要素的含义。会计要素是对会计对象进行的基本分类，是会计核算对象的具体化，是构成会计报表内容的基本单位，也是账户的归并和概括。

（2）会计要素的分类（构成）。我国《企业会计准则》规定会计要素包括资产、负债、所有者权益、收入、费用和利润六项。其中，资产、负债、所有者权益反映企业的财务状况，构成资产负债表的内容；收入、费用和利润反映企业一定时期的经营成果，构成利润表的内容。

2. 各会计要素含义、特征、确认及构成

（1）资产。资产的含义：资产是指过去的交易或事项形成并由企业拥有或者控制的资源，该资源预期会给企业带来经济利益。

资产的特征：①资产预期有使用价值和交换价值，能给企业带来经济利益。②资产应为企业拥有或者控制的资源，如租来的设备就不是企业的资产，一般在判断是否为企业资产时，所有权是考虑的最主要因素。③资产是由过去的交易或者事项形成的。包括购买、生产、建造或其他交易或者事项形成的。

资产的确认：将一项资源确认为资产，需要符合资产的含义，同时还应满足以下两个条件：①与此资源有关的经济利益很可能流入企业，即还要判断经济利益流入的不确定性程度，很可能流入则可确认为资产，否则不能；②此资源的成本或者价值能够可靠地计量。

资产的分类：资产按流动性进行分类，可以分为流动资产和非流动资产。

流动资产是指预计在一年（含一年）或者超过一年的一个营业周期内变现、出售或耗用的资产，包括货币资金、短期投资、应收及预付款项、存货等。

非流动资产是指不能在一年（含一年）或者超过一年的一个营业周期内变现、出售或（含一年）耗用的资产。非流动资产是流动资产以外的资产，主要包括长期债券投资、长期股权投资、固定资产、无形资产、长期待摊费用、其他资产等。

资产的具体分类如表 1-1 所示。

表 1-1　　资产分类表

资产	流动资产	库存现金、银行存款、其他货币资金、短期投资、应收票据、应收账款、应收股利、应收利息、其他应收款、预付账款、原材料、在产品、半成品、产成品、商品、委托加工物资等
	非流动资产	长期债券投资、长期股权投资、固定资产、无形资产、长期待摊费用、其他资产等

（2）负债。负债的含义：负债是指过去的交易或者事项形成的，预期会导

致经济利益流出的现时义务。

负债的特征：①负债是由企业过去的交易或事项形成的；②负债是企业承担的现时义务。现时义务是在现行条件下已承担的义务，未来发生的交易或事项形成的义务，不属于现时义务，不应确认为负债；③负债预期会导致经济利益流出企业。

负债的确认：将一项现时义务确认为负债，需要符合负债的定义，还需要同时满足以下两个条件：①与该义务有关的经济利益很可能流出企业；②未来流出的经济利益的金额能够可靠地计量。

负债的分类：企业负债按流动性进行分类，可以分为流动负债和非流动负债。

流动负债，是指预计在一年内（含一年）或者超过一年的一个正常营业周期内清偿的债务，包括短期借款、应付票据、应付账款、预收账款、应付职工薪酬、应交税费、其他应付款、应付股利、应付利息、预提费用等。

长期负债，是指流动负债以外的负债，包括长期借款、长期应付款、应付债券、其他长期负债等。

负债的具体分类如表 1-2 所示。

表 1-2　　负债分类表

负债	流动负债	短期借款、应付票据、应付账款、应付职工薪酬、应交税费、预收账款、其他应付款、应付股利、应付利息、预提费用等
	非流动负债	长期借款、长期应付款、应付债券、其他长期负债等

（3）所有者权益。所有者权益的含义：所有者权益，是指企业资产扣除负债后，由所有者享有的剩余权益。公司的所有者权益又称为股东权益。所有者权益是所有者对企业资产的剩余索取权，它是企业的资产扣除债权人权益后应由所有者享有的部分。

所有者权益的特征：①除非发生增减、清算或分派现金股利，企业不需要偿还所有者权益；②企业清算时，只有在清偿所有的负债后，所有者权益才返还给所有者；③所有者凭借所有者权益能够参与企业利润的分配。

所有者权益的确认：所有者权益的确认、计量主要取决于资产、负债、收入、费用等其他会计要素的确认和计量。所有者权益在数量上等于企业总资产总额扣除债权人权益后的净额，即为企业的净资产，反映所有者（股东）在企业中享有的经济利益。

所有者权益的分类：所有者权益的来源包括所有者投入的资本、直接计入所有者权益的利得和损失、留存收益等，通常由实收资本（或股本）、资本公积（含股本溢价或资本溢价、其他资本公积）、盈余公积和未分配利润等组成。实收资本是指投资者按合约或规定投入构成企业注册资本或者股本的金额；资本公积（资本溢价）是指投入资本超过注册资本或股本部分的金额，即资本溢价或股本溢价、法定财产重估增值、接受捐赠等；盈余公积是指小企业从税后利润中提取的法定盈余公积和任意盈余公积；未分配利润是指小企业净利润经过弥补亏损、提取公积金、向投资者分配利润后历年结存的利润，表现为本年利润和利润分配。

所有者权益的具体分类如表1–3所示。

表1–3　所有者权益分类表

所有者权益	实收资本、资本公积、盈余公积、未分配利润

（4）收入。收入的含义：收入是指企业在日常活动中形成的、会导致所有者权益增加的、与所有者投入资本无关的经济利益的总流入。日常活动是指企业为完成其经营目标所从事的经常性活动以及与之相关的活动。

收入的特征：①收入是企业在日常活动中形成的，而不是从偶发的交易或事项中产生的；②收入是与所有者投入资本无关的经济利益总流入（非资本投入）；③收入必然能导致企业所有者权益的增加。

收入的确认：收入的确认除了符合定义，还应符合以下3个条件：①与收入相关的经济利益很可能流入企业；②经济利益流入企业的结果会导致资产的增加或者负债的减少；③经济利益的流入额能够可靠地计量。

收入的分类：收入按企业从事日常活动的性质不同，分为销售商品收入、提供劳务收入和让渡资产使用权收入。收入按企业经营业务的主次不同，分为主营业务收入和其他业务收入。主营业务收入是指企业为完成其经营目标所从事的经常性活动所实现的收入。其他业务收入是指企业为完成其经营目标所从事的与经常性活动相关的活动实现的收入。

收入的具体分类如表1–4所示。

表1–4　收入分类表

收入	销售商品收入	销售商品、销售材料等
	提供劳务收入	建筑安装、修理修配、交通运输、仓储租赁等劳务服务取得的收入
	让渡资产使用权收入	

（5）费用。费用的含义：费用是指企业在日常活动所发生的、会导致所有者权益减少的、与向所有者分配利润无关的经济利益的总流出。

费用的特征：①费用是企业在日常活动中发生的；②费用会导致所有者权益减少；③费用是与向所有者分配利润无关的经济利益的总流出。

费用的确认：费用的确认除了应当符合定义外，至少应当符合以下条件：①与费用相关的经济利益应当很可能流出企业；②经济利益流出企业的结果会导致资产的减少或者负债的增加；③经济利益的流出额能够可靠计量。

费用的分类：费用按照与收入的配比关系不同，可分为生产费用与期间费用。

生产费用是指与企业日常生产经营活动有关的费用，按其经济用途可分为直接材料、直接人工和制造费用。生产费用应按其实际发生情况计入产品的生产成本；对于生产几种产品共同发生的生产费用，应当按照受益原则，采用适当的方法和程序分配计入相关产品的生产成本。

期间费用是指企业本期发生的、不能直接或间接归入产品生产成本，而应直接计入当期损益的各项费用，包括管理费用、销售费用和财务费用。

费用与成本的区别：期间费用是资产的耗费，它与一定的会计期间相联系，而与生产哪一种产品无关；生产成本与一定种类和数量的产品相联系，而不论发生在哪一个会计期间。企业的产品销售后，其生产成本就转化为销售当期的费用，称为产品销售成本或主营业务成本。

费用的具体分类如表1–5所示。

表1–5　　费用分类表

费用	生产费用	直接材料、直接人工和制造费用（计入产品成本）
	期间费用	管理费用、销售费用和财务费用（直接计入当期损益）

（6）利润。利润的含义：利润是指企业在一定会计期间的经营成果。一般情况下，企业实现利润，表明企业所有者权益增加，业绩增加；相反，企业出现亏损（利润为负），企业所有者权益将减少，业绩下降。利润是评价企业管理层业绩的指标之一，也是投资者等财务报告使用者进行决策时的重要参考依据。

利润的确认：利润反映收入减去费用、直接计入当期利润的利得减去损失后的净额，其确认主要依赖于收入和费用的确认，其金额的确定也主要取决于收入、费用、利得、损失金额的计量。

利润的构成：利润包括收入减去费用后的净额（企业日常活动的经营业

绩，即营业利润)、直接计入当期损益的利得和损失（企业非日常活动的业绩，即营业外收入减营业外支出）等。

营业利润=营业收入-营业成本-营业税金及附加-管理费用-销售费用-财务费用+投资收益（减投资损失）

利润总额=营业利润+营业外收支净额

净利润=利润总额-所得税费用

3. 会计等式

会计等式是揭示会计要素之间内在联系的数学表达式，又称会计方程式、会计平衡公式或会计恒等式。它是复式记账、试算平衡和编制会计报表的理论依据，反映资产负债表要素之间数量关系的等式是：资产=负债+所有者权益；反映利润表要素之间的数量关系的等式是：收入-费用=利润。

（1）反映企业财务状况的等式（基本会计等式和静态会计等式）。任何企业要从事生产经营活动，必定有一定数量的资产。一方面，任何资产只不过是经济资源的一种实际存在或表现形式，或为机器设备，或为现金、银行存款等。另一方面，这些资产都是按照一定的渠道进入企业的，或由投资者投入，或通过银行借入等，即必定有其提供者，显然，一般人们不会无偿地将经济资源（即资产）让渡出去，也就是说，企业中任何资产都有其相应的权益要求，谁提供了资产谁就对资产拥有索偿权，这种索偿权在会计上称为权益。这样就形成了最初的会计等式：

资产=权益

这一等式表明，会计等式之所以成立就是因为资产和权益是同一事物的两个方面：一方面是归企业所有的一系列财产（资产）；另一方面是对这些财产的一系列所有权（权益）。而且，由于权益要求表明资产的来源，而全部来源又必与全部资产相等，所以全部资产必须等于全部权益。

而权益通常分为两种：

①以投资者的身份向企业投入资产而形成的权益，称为所有者权益；

②以债权人的身份向企业提供资产而形成的权益，称为债权人权益或负债。

这样，上述等式又可表达成：

资产=负债+所有者权益

这就是基本会计等式，它反映了静态会计要素资产、负债和所有者权益三个会计要素之间的关系，所以基本会计等式也称静态会计等式，它揭示了企业在某一特定时点的财务状况，是编制资产负债表的依据。

对基本会计等式，要理解牢记的是：任何时点，企业的所有资产，无论其处于何种形态（如现金、银行存款、固定资产等）都必须有相应的来源。或者是借入的，或者是所有者投入的，或者是经营过程中所赚取的（这一部分也归所有者）。换言之，企业的所有资产都必定有相应的来源，这样，“资产=负债+所有者权益”这一等式，在任何情况下，其左右平衡的关系都不会被破坏。

（2）反映经营成果的等式（动态会计等式）。经营成果的等式也称为动态会计等式，是反映企业在一定会计期间经营成果的会计等式，其公式为：收入-费用=利润。

企业在生产经营过程中，将拥有资产投入营运就会取得收入，同时为了取得收入必然会支出各种费用，企业通过收入与费用的对比，就能算出企业在一定期间的经营成果，即利润。因此，收入、费用、利润的关系就可以用等式“收入-费用=利润”表达出来。

这一等式反映了利润的实现过程，是由动态会计要素收入、费用和利润组合而成，所以也称为动态会计等式，是编制利润表的依据。

（3）反映企业财务状况与经营成果之间关系的等式。企业利润增加，所有者权益相应增加，与之相联系的资产也同样增加，反之企业出现亏损，所有者权益也减少，资产也相应减少。因此会计基本等式可变为：

资产=负债+所有者权益+（收入-费用）

或资产=负债+所有者权益+利润

这一等式综合了企业利润分配前财务状况等式和经营成果等式之间的关系。它将财务状况要素（即资产、负债和所有者权益）和经营成果要素（即收入、费用和利润）进行有机结合，完整地反映了企业财务状况和经营成果的内在联系。

（4）经济业务对会计等式的影响。经济业务，又称会计事项，是指在经济活动中使会计要素发生增减变动的交易或事项。经济业务的不断发生，必然会引起各项会计要素发生增减变动，但是，无论企业的经济业务的数额如何变动，在任何时候都不会改变会计等式的数量平衡关系，经济业务按其对会计等式的影响不同可分为：

①一项资产增加，另一项资产等额减少的经济业务；

②一项资产增加，一项负债等额增加的经济业务；

③一项资产增加，一项所有者权益等额增加的经济业务；

④一项资产减少，一项负债等额减少的经济业务；

⑤一项资产减少，一项所有者权益等额减少的经济业务；

⑥一项负债增加，另一项负债等额减少的经济业务；

⑦一项负债增加，一项所有者权益等额减少的经济业务；

⑧一项所有者权益增加，另一项所有者权益等额减少的经济业务；

⑨一项所有者权益增加，一项负债等额减少的经济业务。

上述九类经济业务的发生均不影响会计等式的平衡关系，具体分为四种情形：资产之间有增有减，会计等式左右两边金额保持不变，如经济业务①；权益之间有增有减，会计等式左右两边的金额保持不变，如经济业务⑥、⑦、⑧、⑨；资产与权益同时增加，会计等式左右两边的金额等额增加，如经济业务②、③；资产与权益同时减少，会计等式左右两边的金额等额减少，如经济业务④、⑤。

【例 1-1】某公司 2020 年 1 月 1 日资产、负债及所有者权益的平衡关系如表 1-6所示。

表 1-6 单位：元

资产	金额	负债及所有者权益	金额
银行存款	583 000	短期借款	80 000
应收票据	87 000	应付票据	70 000
应收账款	113 000	应付账款	393 000
存货（原材料）	1 010 000	应付股利	0
固定资产	43 000	实收资本	1 100 000
		资本公积	110 000
		未分配利润	83 000
合计	1 836 000		1 836 000

该公司一月份发生以下经济业务：

①1 月 3 日，公司接受投资单位投入大型设备一台，价值 180 000 元。

②1 月 11 日，公司以银行存款 70 000 元偿还短期借款。

③1 月 18 日，公司以银行存款购入原材料 100 000 元，材料已验收入库。

④1 月 20 日，公司开出商业承兑汇票一张，金额为 93 000 元，以抵付前欠应付账款。

以上经济业务发生后，会计要素怎么变，会不会影响会计等式呢？

①业务发生后，资产、负债及所有者权益的平衡关系如表 1-7 所示。

表 1-7 单位：元

资产	金额	负债及所有者权益	金额
银行存款	583 000	短期借款	80 000
应收票据	87 000	应付票据	70 000

续表

资产	金额	负债及所有者权益	金额
应收账款	113 000	应付账款	393 000
存货（原材料）	1 010 000	应付股利	0
固定资产	223 000	实收资本	1 280 000
		资本公积	110 000
		未分配利润	83 000
合计	2 016 000		2 016 000

这业务使得企业一项资产增加，一项所有者权益等额增加，会计等式左右两边的金额等额增加，会计等式平衡关系不变。

②业务发生后，资产、负债及所有者权益的平衡关系如表 1-8 所示。

表 1-8 单位：元

资产	金额	负债及所有者权益	金额
银行存款	513 000	短期借款	10 000
应收票据	87 000	应付票据	70 000
应收账款	113 000	应付账款	393 000
存货（原材料）	1 010 000	应付股利	0
固定资产	223 000	实收资本	1 280 000
		资本公积	110 000
		未分配利润	83 000
合计	1 946 000		1 946 000

这业务使得企业一项资产减少，一项负债等额减少，会计等式左右两边的金额等额减少，会计等式平衡关系不变。

③业务发生后，资产、负债及所有者权益的平衡关系如表 1-9 所示。

表 1-9 单位：元

资产	金额	负债及所有者权益	金额
银行存款	413 000	短期借款	10 000
应收票据	87 000	应付票据	70 000
应收账款	113 000	应付账款	393 000
存货（原材料）	1 110 000	应付股利	0

续表

资产	金额	负债及所有者权益	金额
固定资产	223 000	实收资本	1 280 000
		资本公积	110 000
		未分配利润	83 000
合计	1 946 000		1 946 000

这业务使得企业一项资产减少，一项资产等额增加，会计等式左右两边的金额没变，会计等式平衡关系不变。

④业务发生后，资产、负债及所有者权益的平衡关系如表 1-10 所示。

表 1-10　　单位：元

资产	金额	负债及所有者权益	金额
银行存款	413 000	短期借款	10 000
应收票据	87 000	应付票据	163 000
应收账款	113 000	应付账款	300 000
存货（原材料）	1 110 000	应付股利	0
固定资产	223 000	实收资本	1 280 000
		资本公积	110 000
		未分配利润	83 000
合计	1 946 000		1 946 000

这业务使得企业一项负债减少，一项负债等额增加，会计等式左右两边的金额没变，会计等式平衡关系不变。

根据上述业务的发生情况，可以发现，每一项经济业务都会引起各项会计要素发生增减变动，但是，无论企业的经济业务的数额如何变动，任何时候都不会改变会计等式的数量平衡关系。

（二）会计基本方法和基础

会计方法，指从事会计工作所使用的各种技术方法，一般包括会计核算方法、会计分析方法和会计检查方法，其中会计核算方法是会计方法中最基本的方法，本教材主要介绍会计核算方法。

1. 了解会计核算方法及体系

会计核算方法，是指会计对会计对象进行连续、系统、全面、综合的确认、计量和报告所采用的各种方法。会计核算方法体系主要由设置会计科目及账户、复式记账、填制和审核凭证、登记会计账簿、成本计算、财产清查和编制财务会计报告7种方法构成。它们相互联系、紧密结合，确保会计工作有序进行。

（1）设置会计科目及账户。会计科目是对会计要素的具体内容进行科学分类的名称。会计核算与监督的内容就是会计对象，由于会计对象的内容是多种多样的，因此必须通过科学分类的方法把它分为不同的会计要素，根据会计要素的特点和经济管理的具体要求，对会计要素再分类，就构成会计科目。企业可以选用国家统一会计制度设置的会计科目，也可以根据统一会计制度规定的内容自行设置和使用会计科目。账户是根据会计科目在账簿中设置的，具有一定的格式和结构，用以反映会计对象具体内容的增减变化及其结果的载体。

设置会计科目与账户，是对会计对象复杂多样的具体内容进行归类核算和监督的一种专门方法。企业根据生产经营特点和管理要求，先确定会计科目，然后根据这些科目在账簿中开立账户，分门别类根据系统记录各项经济业务。设置会计科目及账户对复式记账、填制凭证、登记账簿和编制财务会计报告等方面的运用，具有重要意义。

（2）复式记账。复式记账是指每一项经济业务事项，都要以相等的金额，在相互关联的两个或两个以上的账户中同时进行记录的方法。任何一项经济业务事项，都会引起至少两个方面的变化，或同时出现增减，或此增彼减。这种变化既相互独立，又密切联系。采用复式记账法，可以通过账户的对应关系完整地反映经济业务的来龙去脉，还可以通过每一项经济业务事项所涉及的两个或两个以上的账户之间的平衡关系来检查会计记录的正确性。复式记账是会计核算方法体系的核心。

（3）填制和审核凭证。会计凭证是具有一定格式，用以记录经济业务事项、明确经济责任人的书面证明，是登记账簿的依据。填制和审核凭证，是指采用一定格式的书面证明文件记录经济业务、明确经济责任，并经审核无误后据以登记账簿的一种方法。它不仅是会计核算的专门方法，也是会计监督的重要方式。对于任何一项经济业务事项，都应根据实际发生和完成的情况填制或取得会计凭证，经有关部门和人员审核无误后，方可登记账簿。填制和审核凭证是保证会计资料真实、完整的有效手段。

（4）登记会计账簿。会计账簿，是由具有规定格式的账页所组成，用来全面、系统、连续地记录经济业务事项的簿籍。登记账簿，是根据审核无误的会计凭证，按照规定的会计科目，分门别类或序时地记入有关簿籍并定期进行结账和对账的专门方法；是将经济业务中形成的大量分散的数据（资料）进行分类、汇总、系统记录，加工成有用的会计信息。账簿记录的资料是编制财务会计报告的重要依据。

（5）成本计算。成本计算就是按一定的成本对象，将经营过程中发生的各项成本费用进行归集和分配，从而计算各对象的总成本和单位成本的专门方法。通过成本计算，可以掌握成本构成情况，考核成本计划完成情况，对于挖掘潜力、做好成本控制、提高经济效益有重要作用，同时也是企业价格决策和计算经营成果的重要依据。

（6）财产清查。财产清查是指定期或不定期地通过盘点实物、货币资金、核对往来款项，以查明财产和资金实有数额的一种专门方法。通过财产清查，可以查明各项财产、物资、债权等财产物资的实际结存情况，保证账实相符，确保财务会计报告的数据真实可靠。它也是加强财产物资管理、充分挖掘企业潜力、明确经济责任、强化会计监督的重要制度。

（7）编制财务会计报告。编制财务会计报告是指根据账簿记录的数据资料，定期总结和反映经济活动，提供财务状况和经营成果的一种专门方法。财务会计报告由会计报表、会计报表附注和财务情况说明书组成。

以上会计核算方法相互联系，紧密结合，构成了一个完整的会计核算过程，要按要求设置会计科目和账户，当经济业务发生后，首先要取得或填制原始凭证，根据审核后的原始凭证，运用复式记账法，编制记账凭证；其次，要根据记账凭证登记会计账簿，系统地记录经济业务，然后根据审核后的会计账簿资料，采用成本计算方法对发生的各项费用进行成本计算，计算产品成本，期末进行财产清查，保证账实相符；最后，在账实、账账、账证相符的基础上，根据会计账簿资料编制会计报表。在会计核算过程中，填制和审核会计凭证是开始环节，登记会计账簿是中间环节，编制会计报表是终结环节。

在一个会计期间，会计主体（企业）所发生的经济业务，都要通过这三个环节将大量的经济业务转换为系统的会计信息。这个转换过程，即从填制和审核会计凭证开始，经过登记会计账簿，直至编制出会计报表的周而复始的变化过程，就是一般称谓的会计循环。在这个循环过程中，以三个环节为联结点，联结其他的核算方法，从而构成了一个完整的会计核算方法体系。

2. 理解会计基本假设与会计基础

（1）会计基本假设。会计基本假设是企业会计确认、计量和报告的前提，是对会计核算所处时间、空间环境等所做的合理假定。会计基本假设包括会计主体、持续经营、会计分期和货币计量。

会计主体是指企业会计确认、计量和报告的空间范围，即会计核算和监督的特定单位或组织，会计主体应是有能力拥有经济资源，承担经济义务，实行独立核算的单位或组织。应当注意的是，会计主体与法律主体（法人）并非是对等的，法人可以是会计主体，但会计主体不一定是法人，如自然人办的独资企业不具有法人资格，但它又是会计核算的主体。又如企业集团由若干具有法人资格的企业组成，各企业是独立的会计主体，但为了反映整个集团的财务状况，还应编制合并财务报告，这里企业集团是会计主体，但不是一个独立的法人。

持续经营指会计核算时应当以企业持续、正常的生产经营活动为前提，而不考虑将来是否有可能破产清算，是企业会计确认、计量和报告的时间界定。

会计分期又称会计期间，是指将一个企业持续经营的生产活动期间划分为若干个连续的长短相同的期间，以便分期结算账目和编制财务会计报告。会计期间分为年度、季度和月度，年度、季度和月度的起讫日期采用公历日期。如果有人问 2019 年度库存现金的余额是多少，出纳就应该知道问的是 2019 年 12 月 31 日的库存现金余额。

货币计量是指会计主体在会计确认、计量和报告时采用货币作为统一的计量单位，反映会计主体的经济活动。而在会计核算中，可能涉及多种货币，这就要求企业会计必须确立一种货币单位为记账用的货币，我们称之为“记账本位币”。在我国，一般以人民币为记账本位币。如果企业的业务收支以外币为主，较少使用人民币，这种情况下也可以选定该主要外币作为记账本位币。

（2）会计基础。会计基础是指会计确认、计量和报告的基础，包括权责发生制和收付实现制。权责发生制（应计制或应收应付制）是指收入、费用的确认应当以收入和费用的实际发生作为确认的标准（不论款项是否收付），合理确认当期损益的一种会计基础。我国企业会计核算以权责发生制为基础，收付实现制（现金制）是以收到或支付现金作为确认收入和费用的标准。我国行政单位、事业单位会计核算一般采用收付实现制（部分经济业务或事项采用权责发生制，由财政部在相关会计制度中具体规定）。

（三）会计科目与账户

1. 认识会计科目

会计科目简称“科目”，是会计工作中为归集、记录、监督各种经济业务，对会计要素的具体内容进行分类核算的项目，是对会计要素所做的进一步分类。会计要素仅是对会计对象的基本分类，六项会计要素对会计对象来说，仍是太粗略，难以满足实际工作中各方面对会计信息的需要，因此，需要对会计要素进行更细的和更具体的分类，并分别赋予每一类别一个能概括说明其经济内容的名称，即会计科目。会计科目也用来作为会计账户的名称，是设置会计账户的依据。

（1）会计科目的分类。会计科目可按其反映企业的经济内容（即所属会计要素）或所提供信息的详细程度及统驭关系进行分类。

按反映的经济内容分类，可分为资产类、负债类、所有者权益类、成本类和损益类科目。

①资产类科目。资产类科目是对资产要素的具体内容进行分类核算的项目，按资产的流动性分为反映流动资产的科目和反映非流动资产的科目。反映流动资产的科目主要有“库存现金”“银行存款”“原材料”“应收账款”“库存商品”“预付账款”等。反映非流动资产的科目主要有“长期股权投资”“固定资产”“无形资产”等。

②负债类科目。负债类科目是对负债要素的具体内容进行分类核算的项目，负债按其偿还期限分为反映流动负债（指将在一年或者长于一年的一个营业周期内偿付的债务）的科目和反映非流动负债的科目两类。反映流动负债的科目主要有“短期借款”“应付票据”“应付账款”“预收账款”“应付职工薪酬”“应交税费”“应付股利”“其他应付款”等。非流动负债的科目主要有“长期借款”“应付债券”“长期应付款”等。

③所有者权益类科目。所有者权益类科目是对所有者权益要素的具体内容进行分类核算的项目，按所有者权益的形成和性质可分为反映资本的科目和反映留存收益的科目。反映资本的科目主要有“实收资本”或“股本”“资本公积”等。反映留存收益的科目主要有“盈余公积”“本年利润”“利润分配”等。

④成本类科目。成本类科目是对可归属于产品生产成本、劳务成本等的具体内容进行分类核算的项目，按成本的内容和性质的不同可分为反映制造成本的科目和反映劳务成本的科目等。反映制造成本的科目有“生产成本”“制造费用”等。反映劳务成本的科目主要有“劳务成本”“研发支出”等。成本类科目归属于资本要素。

⑤损益类科目。损益类科目是对收入、费用等的具体内容进行分类核算的项目。反映收入类的科目主要有“主营业务收入”“其他业务收入”“营业外收入”等。反映费用类的科目主要有“主营业务成本”“其他业务成本”“营业外支出”“管理费用”“财务费用”“销售费用”等。

按所提供信息的详细程度及统驭关系进行分类，可分为总分类科目和明细分类科目。

①总分类科目。总分类科目，也叫总账科目或一级科目，是对会计要素具体内容进行总括分类、提供总括信息的会计科目。总分类科目反映各种经济业务的概括情况，是进行总分类核算的依据。如“应收账款”“应付账款”“原

材料”“实收资本”等。

②明细分类科目。明细分类科目也称明细科目，它是对总分类科目作进一步分类、提供更详细更具体会计信息的科目，是对总分类科目的具体化和详细说明。按照其分类的详细程序不同，又可分二级明细科目（子目）、三级明细科目（细目）等，如表 1-11 所示。

表 1-11

<table>
<tr><th>一级科目</th><th>二级科目（子目）</th><th>三级明细科目（细目）</th></tr>
<tr><td rowspan="5">原材料</td><td rowspan="3">原料及主要材料</td><td>铝材</td></tr>
<tr><td>方钢</td></tr>
<tr><td>圆钢</td></tr>
<tr><td rowspan="2">辅助材料</td><td>铁钉</td></tr>
<tr><td>涂料</td></tr>
</table>

二级科目和三级科目等均称为明细分类科目。

总分类科目与明细分类科目的关系是：总分类科目对其所属的明细分类科目具有统驭和控制作用，而明细科目是对其归属的总分类科目的补充和说明。总分类科目及其所属的明细分类科目共同反映经济业务总括或详细的情况。

（2）会计科目的设置。

- 会计科目设置的原则

各单位由于经济业务活动的具体内容、规模大小与业务繁简程度等情况不尽相同，在具体设置会计科目时，应考虑其自身特点和具体情况，但都应遵循以下 3 个原则：

①合法性原则：指所设置的会计科目应当符合国家统一的会计制度的规定。

②相关性原则：指所设置的会计科目应当为提供有关各方所需要的会计信息服务，满足对外报告与对内管理的要求。

③实用性原则：指所设置的会计科目应符合单位自身特点，满足单位实际需要。

- 常用会计科目

小企业按《小企业会计准则》的规定，设置和使用会计科目，常用的会计科目按照资产、负债、所有者权益、成本、损益分成五大类，其内容如表1-12所示。

表 1-12 会计科目表

编号	名 称	编号	名 称
	一、资产类		二、负债类
1001	库存现金	2001	短期借款
1002	银行存款	2201	应付票据
1012	其他货币资金	2202	应付账款
1101	交易性金融资产	2203	预收账款
1121	应收票据	2211	应付职工薪酬
1122	应收账款	2221	应交税费
1123	预付账款	2231	应付利息
1131	应收股利	2232	应付股利
1132	应收利息	2241	其他应付款
1221	其他应收款	2501	长期借款
1231	坏账准备	2502	应付债券
1401	材料采购	2701	长期应付款
1402	在途物资	2711	专项应付款
1403	原材料	2801	预计负债
1404	材料成本差异	2901	递延所得税负债（更名）
1405	库存商品		三、所有者权益类
1407	商品进销差价	3001	实收资本
1408	委托加工物资	3002	资本公积
1411	周转材料	3101	盈余公积
1421	消耗性生产物资	3103	本年利润
1471	存货跌价准备	3104	利润分配
1501	长期债券投资		四、成本类
1503	可供出售金融资产	4001	生产成本
1511	长期股权投资	4101	制造费用
1512	长期股权投资减值准备	4201	劳务成本
1521	投资性房地产	4301	研发支出
1531	长期应收款		五、损益类
1601	固定资产	5001	主营业务收入
1602	累计折旧	5051	其他业务收入

续表

编号	名 称	编号	名 称
1603	固定资产减值准备	5111	投资收益
1604	在建工程	5301	营业外收入
1605	工程物资	5401	主营业务成本
1606	固定资产清理	5402	其他业务支出
1701	无形资产	5403	税金及附加
1702	累计摊销	5601	销售费用
1703	无形资产减值准备	5602	管理费用
1711	商誉（新增）	5603	财务费用
1801	长期待摊费用	5701	资产减值损失
1811	递延所得税资产	5711	营业外支出
1901	待处理财产损溢	5801	所得税费用（更名）
		5901	以前年度损益调整

说明：

①采用计划成本进行材料日常核算的小企业，可以增设“物资采购”和“材料成本差异”科目。

②预收款项和预付款项较多的小企业，可设置“预收账款”和“预付账款”科目。

③低值易耗品较少的小企业，可以将其并入“材料”科目。

④小企业内部各部门周转使用的备用金，可以增设“备用金”科目。

⑤小企业接受其他单位委托代销商品，可以增设“受托代销商品”“代销商品款”科目。

⑥小企业根据自身的规模和管理等要求，可以将“生产成本”“制造费用”科目合并为“生产费用”科目，并设置相关的明细科目。

⑦对外提供劳务较多的小企业，可以增设“劳务成本”科目核算所提供劳务的成本。

2. 认识会计账户

会计科目只是对会计对象进行分类，规定了会计对象具体内容的类别名称，但要把各项会计要素增减变动情况和变动的结果进行连续记录和反映还需要设置和运用会计账户，设置账户是会计核算的一种专门方法。会计账户是根据会计科目设置的，具有一定的格式和结构，用于分类反映会计要素增减变动情况及其结果的载体。

（1）账户的分类。账户可根据其核算的经济内容、提供信息的详细程度及其统驭关系进行分类。

根据核算的经济内容，账户分为资产类账户、负债类账户、所有者权益类账户、成本类账户和损益类账户五类。

根据提供信息的详细程度及其统驭关系，账户可分为总分类账和明细分类账。总分类账和所属明细分类账核算的内容相同，只是反映内容的详细程度不同，两者相互补充、相互制约、相互核对。总分类账户统驭和控制所属明细分类账户，明细分类账户从属于总分类账户。

（2）账户的基本结构。为了方便记录各项经济业务对会计要素的影响，以便取得会计信息，我们必须为账户确定相应的格式，这种格式称为账户的结构。可见账户的结构就是指账户的组成部分及相互关系。

企业经济业务的发生对会计要素的影响，从数量上无非是增减两种情况，为了反映这种情况，账户的基本结构也相应分为左右两个方向，一方登记增加，另一方登记减少。哪方登记增加额，哪方登记减少额，取决于经济业务的性质和账户的性质。在借贷记账法下，账户的左方称为“借方”，账户的右方称为“贷方”。

从账户名称、记录增加额和减少额的左右两方来看，账户结构在整体上类似于汉字“丁”和大写的英文字母“T”，因此这种基本结构也称之为“丁”账户或“T”型账户，如图1-1所示。

在实际工作中，为了详细记录经济业务，并保证会计信息的真实、完整，账户必须用正规格式。账户正规格式具体包括账户的名称（即会计科目）、日期（即所依据记账凭证中注明的日期）、凭证字号（即所依据记账凭证的编号）、摘要（即经济业务的简要说明）、金额（即增加额、减少额和余额）等。

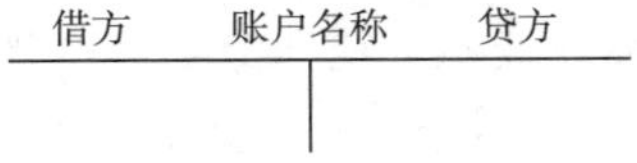

图1-1　“T”型账户

一般账户的格式和内容如图1-2所示。

年		凭证	摘要	借方	贷方	借或贷	余额

月　日　编号

图1-2　账户名称（会计科目）

（3）账户的功能。账户的功能在于连续、系统、完整地提供企业经济活动中各种会计要素增减变动及其结果的具体信息。会计要素在特定的一个会期期间，登记增加的金额称为账户的本期增加发生额，登记减少的金额称为本期减少发生额，二者统称本期发生额。会计要素在期末的增减变动结果，称为账户的“期末余额”，账户本期的期末余额转入下期，就是下期的期初余额。以上四个金额称为账户的四个金额要素 。对于同一账户，它们之间的关系是：

期末余额=期初余额+本期增加发生额-本期减少发生额

3. 了解会计科目和账户的联系和区别

会计科目和账户是两个不同的概念，既有联系又有区别。联系是会计科目与会计账户都是对会计对象具体内容的分类，两者核算内容一致、性质相同。会计科目是会计账户的名称，是会计账户设置的依据，会计账户是会计科目的具体运用。区别是会计科目是会计账户的名称，没有结构，而会计账户具有一定的结构和格式，反映经济内容的增减变动及其结果。

（四）借贷记账法

1. 了解会计记账方法

所谓记账方法，就是对企业发生的经济业务，运用特定的记账符号，根据一定的记账原理在账户中进行登记的方法。记账方法一般可分为单式记账法和复式记账法。

（1）单式记账法。单式记账法是对发生的每一项经济业务，只在一个账户中加以登记的记账方法。一般只是记录库存现金、银行存款以及债权债务方面发生的经济业务。如收到现金，只记录库存现金增加了，而不管现金是怎么来的。所以这种方法只能反映经济业务的一面，不能全面、系统地反映经济业务的来龙去脉。现代会计中很少使用。

（2）复式记账法。复式记账法是对发生的每一项经济业务，都必须用相等的金额在两个或两个以上相互联系的账户中进行登记，全面系统地反映会计要素增减变化的一种记账方法。

与单式记账法相比，复式记账法是一种科学的记账方法。第一，它能够全面反映经济业务内容和资金运动的来龙去脉；第二，它能够进行试算平衡，便于查账和对账。

复式记账法可分为借贷记账法、增减记账法和收付记账法，我国《企业会计准则》规定企业应当采用借贷记账法。

2. 掌握借贷记账法

借贷记账法是以“借”“贷”作为记账符号，以“有借必有贷，借贷必相等”为记账规则，对每项经济业务都在两个或两个以上有关账户中相互联系地进行记录的一种复式记账方法。

（1）借贷记账法下账户的结构。借贷记账法下，账户的左方称为借方，右方称为贷方。借方和贷方按相反方向记录增加数和减少数，即一方记增加额，另一方记减少额。“借”和“贷”本身并不确定表示增加或减少，至于什么时候增减，主要取决于账户的性质和所记录经济业务内容的性质。

一般来说，资产、成本、费用类账户的增加记在借方，减少记在贷方，负债、所有者权益和收入类账户增加记在贷方，减少记在借方。备抵账户与所调整账户的结构正好相反，如“累计折旧”账户作为“固定资产”账户的备抵账户，其借方记减少额，贷方记增加额，与固定资产账户刚好相反。

①资产类和成本类账户的结构。在借贷记账法下，资产、成本类账户的结构是相同的，借方登记增加额，贷方登记减少额，在一定会计期间登记的增加额和减少额称为本期发生额，资产、成本类账户期末一般有余额，余额的方向与记录增加的方向一致，所以资产、成本类账户若有余额一般在借方。资产、成本类账户的结构如图 1-3 所示。

借方	贷方
期初余额	
本期增加额	本期减少额
本期借方发生额合计	本期贷方发生额合计
期末余额	

图 1-3 资产类和成本类账户

资产类和成本类账户余额计算公式：

期末借方余额=期初借方余额+本期借方发生额-本期贷方发生额

②负债类和所有者权益类账户的结构。在借贷记账法下，负债类和所有者权益类账户的结构是相同的，贷方登记增加额，借方登记减少额，负债类和所有者权益类账户期末一般有余额，余额的方向与记录增加的方向一致，所以负债类和所有者权益类账户若有余额一般在贷方。账户的结构如图 1-4 所示。

借方	贷方
	期初余额
本期减少额	本期增加额
本期借方发生额合计	本期贷方发生额合计
	期末余额

图 1-4 负债类和所有者权益类账户

负债类和所有者权益类账户余额计算公式：

期末贷方余额=期初贷方余额+本期贷方发生额-本期借方发生额

③损益类账户的结构。损益类账户可分为收入类账户和费用类账户。

• 收入类账户的结构

企业的收入导致企业利润的增加，从而导致所有者权益的增加。因此，在借贷记账法下，收入类账户的结构与权益类账户结构相似，即收入类账户的贷方登记增加额，借方登记减少额。本期期末收入净额在期末转入“本年利润”账户，用以计算当期损益，结转后无余额，其结构如图 1–5 所示。

借方	贷方
本期减少额 本期转出额	本期增加额
本期贷方发生额合计	本期借方发生额合计

图 1–5　收入类账户

• 费用类账户的结构

在借贷记账法下，费用类账户的借方登记增加额，贷方登记减少额。本期费用净额在期末转入“本年利润”账户，用于计算当期损益，结转后无余额，其结构如图 1–6 所示。

借方	贷方
本期增加额	本期减少额 本期转出额
本期借方发生额合计	本期贷方发生额合计

图 1–6　费用类账户

（2）借贷记账法的记账规则。记账规则是指采用某种记账方法登记具体经济业务时应遵循的规律。借贷记账法的记账规则是“有借必有贷，借贷必相等”。对于每项经济业务，都要在记入一个账户借方的同时，记入另一个（或几个）账户的贷方；或者在记入一个账户贷方的同时，记入另一个（或几个）账户的借方，且记入借方的金额必须等于记入贷方的金额。

【例 1–2】2019 年 11 月 2 日，天天公司接受张三投资，投资款 100 000 元存入银行。

分析：这项经济业务涉及“银行存款”和“实收资本”两个账户，“银行存款”为资产类账户，增加 100 000 元，计入“银行存款”账户借方，“实收资本”为所有者权益类账户，也增加 100 000 元，应计入“实收资本”账户贷方，如图 1–7 所示。

【例 1–3】2019 年 11 月 3 日，天天公司以银行存款偿还 A 公司前欠货款

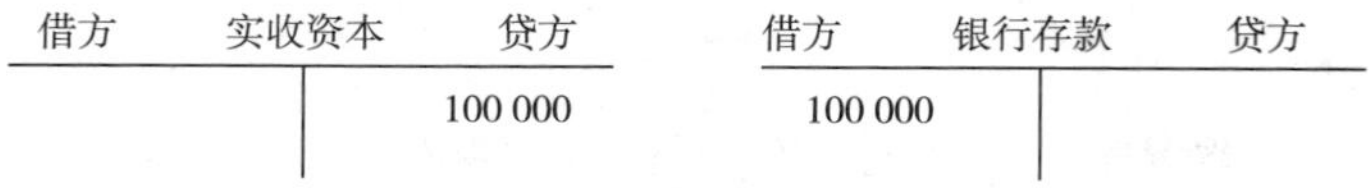

图 1-7

20 000元。

分析：这项经济业务涉及“银行存款”和“应付账款”两个账户，“银行存款”为资产类账户，减少 20 000 元，计入“银行存款”账户贷方，“应付账款”也为负债类账户，也减少 20 000 元，应计入“应付账款”账户借方，如图 1-8 所示。

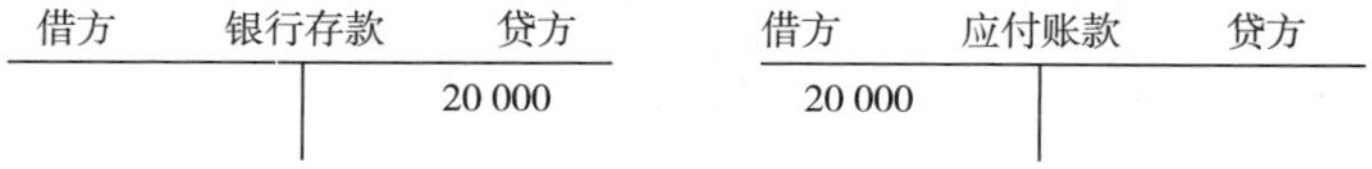

图 1-8

【例 1-4】2019 年 11 月 5 日，天天公司购进原材料一批，计价 16 000 元，以银行存款支付 12 000 元，余款尚欠。

分析：这项经济业务涉及“银行存款”“应付账款”和“原材料”三个账户，业务使原材料增加 16 000 元，“原材料”为资产类账户，计入“原材料”账户借方，同时业务使银行存款减少 12 000 元，“银行存款”为资产类账户，计入“银行存款”账户贷方，同时业务使应付账款增加 4 000 元，“应付账款”为负债类账户，应计入“应付账款”账户贷方，如图 1-9 所示。

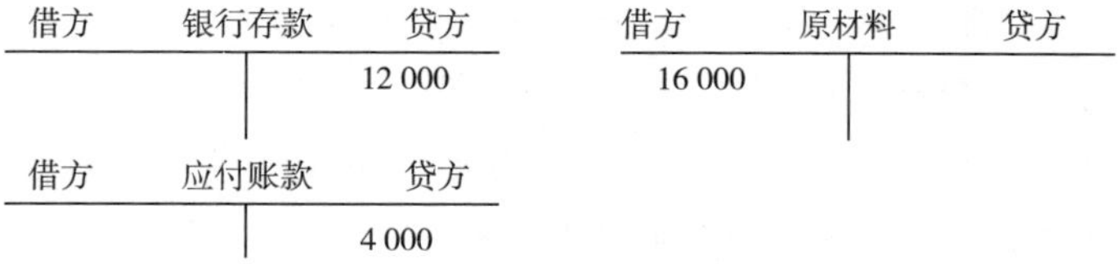

图 1-9

（3）账户的对应关系及会计分录。

● 账户的对应关系

账户之间的对应关系是指采用借贷记账法对每笔交易或者事项进行记录时，相关账户之间形成的应借、应贷的相互关系。存在对应关系的账户称之为对应账户。如【例 1-4】中的“银行存款”“应付账款”和“原材料”之间存在对应关系，这三个账户就成了对应账户。通过分析账户对应关系，既可以了解经济业务内容，还可以检查经济业务内容的合理、合法性。

• 会计分录

为了保证账户记录的正确性，经济业务发生后一般并不直接计入有关账户，而是根据经济业务内容先确定相关账户及其应借应贷的金额，编制会计分录，再根据会计分录计入相关账户。

会计分录（简称分录），是对每项经济业务列示应借应贷的账户名称（科目）及其金额的一种记录。会计分录由应借应贷方向、相互对应的科目及其金额三个要素构成。

分计分录的常用格式是：先借后贷，借贷分行，借方在上面，贷方在下面，上下错开两个字，如上述【例 1-2】【例 1-3】【例 1-4】的三笔业务编制会计分录分别如下：

【例 1-2】

借：银行存款　　　　　　　　　　100 000

　　贷：实收资本　　　　　　　　　　100 000

【例 1-3】

借：应付账款　　　　　　　　　　20 000

　　贷：银行存款　　　　　　　　　　20 000

【例 1-4】

借：原材料　　　　　　　　　　16 000

　　贷：银行存款　　　　　　　　　　12 000

　　　　应付账款　　　　　　　　　　4 000

实际工作中，我国会计分录记载于记账凭证中，会计分录的格式化就是记账凭证。

• 会计分录的分类

按照所涉及账户的繁简，会计分录分为简单分录和复合分录两种，简单分录只涉及两个账户，即一借一贷的分录，这种分录其科目对应关系一目了然。如上述【例 1-2】和【例 1-3】就是简单分录。复合分录涉及三个或以上账户，即一借多贷或一贷多借分录，多借多贷分录一般不用。如上述【例 1-4】就是一借两贷分录，属于复合分录。

• 会计分录的编制

编制会计分录，一般按以下四个步骤进行：

第一步，确定经济业务涉及的对应账户，并确定这些账户的名称（会计科目）。

第二步，确定对应账户的增减情况，并根据账户性质确定记账方向。

第三步，确定对应账户的应记金额。

第四步，根据“有借必有贷，借贷必相等”的记账规则，确认借贷金额是否相等。

【例1-5】2019年11月5日，以现金支付管理部门业务招待费1 500元。

分析：这项经济业务涉及“库存现金”和“管理费用”两个对应账户，“库存现金”为资产类账户，减少1 500元，计入“库存现金”账户贷方，“管理费用”为费用类账户，增加1 500元，应计入“管理费用”账户借方，借贷金额相等。

会计分录：

借：管理费用 1 500

　　贷：库存现金 1 500

【例1-6】2019年11月7日，以银行存款偿还短期借款70 000元。

分析：这项经济业务涉及“银行存款”和“短期借款”两个对应账户，“银行存款”为资产类账户，减少70 000元，计入“银行存款”账户贷方，“短期借款”为负债类账户，减少70 000元，应计入“短期借款”账户借方，借贷金额相等。

会计分录：

借：短期借款 70 000

　　贷：银行存款 70 000

【例1-7】2019年11月9日，以银行存款向税务部门缴纳税费23 500元。

分析：这项经济业务涉及“银行存款”和“应交税费”两个对应账户，“银行存款”为资产类账户，减少23 500元，计入“银行存款”账户贷方，“应交税费”为负债类账户，减少23 500元，应计入“应交税费”账户借方，借贷金额相等。

会计分录：

借：应交税费 23 500

　　贷：银行存款 23 500

【例1-8】2019年11月19日，生产部门领用原材料110 000元。

分析：这项经济业务涉及“生产成本”和“原材料”两个对应账户，“生产成本”为成本费用类账户，增加110 000元，计入“生产成本”账户借方，“原材料”为资产类账户，减少110 000元，应计入“原材料”账户贷方，借贷金额相等。

会计分录：

借：生产成本 110 000

贷：原材料　　　　　　　　　　　　　　　　110 000

【例 1-9】2019 年 11 月 20 日，收到前欠货款 120 000 元，货款已存入开户行。

分析：这项经济业务涉及“银行存款”和“应收账款”两个对应账户，“银行存款”为资产类账户，增加 120 000 元，计入“银行存款”账户借方，“应收账款”为资产类账户，减少 120 000 元，应计入“应收账款”账户贷方，借贷金额相等。

会计分录：

借：银行存款　　　　　　　　　　　　　　120 000

　　贷：应收账款　　　　　　　　　　　　　　120 000

【例 1-10】2019 年 11 月 25 日，生产车间生产产品完工，完工产品转入仓库，价值 80 000 元。

分析：这项经济业务涉及“库存商品”和“生产成本”两个对应账户，“库存商品”为资产类账户，增加 80 000 元，计入“库存商品”账户借方，“生产成本”为成本费用类账户，减少 80 000 元，应计入“生产成本”账户贷方，借贷金额相等。

会计分录：

借：库存商品　　　　　　　　　　　　　　80 000

　　贷：生产成本　　　　　　　　　　　　　　80 000

【例 1-11】月底，结转企业管理费用 1 500 元。

分析：这项经济业务涉及“管理费用”和“本年利润”两个对应账户，“本年利润”为所有者权益类账户，减少 1 500 元，计入“本年利润”账户借方，“管理费用”为成本费用类账户，减少 1 500 元，应计入“管理费用”账户贷方，借贷金额相等。

会计分录：

借：本年利润　　　　　　　　　　　　　　1 500

　　贷：管理费用　　　　　　　　　　　　　　1 500

（4）借贷记账法下的试算平衡。试算平衡，是指根据借贷记账法的记账规则和资产与权益的恒等关系，通过对所有账户的发生额和余额的汇总计算和比较，来检查记录是否正确的一种方法。

试算平衡根据依据不同，可分为发生额试算平衡和余额试算平衡。

①发生额试算平衡。在借贷记账法下，对每一项经济业务都是用借、贷相等的金额来记录的，所以，一定会计期间全部经济业务都登记入账后，那么全部账户的借方发生额合计数和贷方发生额合计数必然相等。公式表示如下：

全部账户本期借方发生额合计=全部账户本期贷方发生额合计

发生额试算平衡的直接依据是借贷记账法的记账规则“有借必有贷，借贷必相等”。

②余额试算平衡。根据财务状况等式，资产的金额与权益（负债+所有者权益）的金额是相等的，所以期末（初）所有资产账户余额的合计数必然等于期末（初）所有权益（负债+所有者权益）账户余额的合计数。资产账户余额在借方，权益类账户余额在贷方。因此，所有账户的借方余额合计数必然等于所有账户贷方余额合计数。公式表示如下：

全部账户借方期末（期初）余额合计=全部账户贷方期末（期初）余额合计

余额试算平衡的直接依据是会计恒等式：资产=负债+所有者权益

试算平衡通常是通过编制试算平衡表来进行的。

举例：2019年11月，天天公司各账户期初余额如表1-13所示，11月发生的经济业务所填记账凭证如表1-14所示。

表1-13　　2019年11月天天公司各账户期初余额　　单位：元

账户名称	期初借方余额	期初贷方余额
库存现金	6 500	
银行存款	350 000	
应收账款	120 000	
原材料	290 000	
库存商品	320 000	
固定资产	780 000	
短期借款		170 000
应付账款		88 000
应交税费		23 500
实收资本		1 225 000
本年利润		360 000
合计	1 866 500	1 866 500

表1-14　　2019年11月天天公司经济业务简易记账凭证（会计分录）　　单位：元

凭证编号	会计分录
1	借：银行存款　100 000 　贷：实收资本　100 000

续表

凭证编号	会计分录
2	借：应付账款　20 000 　贷：银行存款　20 000
3	借：原材料　16 000 　贷：银行存款　12 000 　　应付账款　4 000
4	借：管理费用　1 500 　贷：库存现金　1 500
5	借：短期借款　70 000 　贷：银行存款　70 000
6	借：应交税费　23 500 　贷：银行存款　23 500
7	借：生产成本　110 000 　贷：原材料　110 000
8	借：银行存款　120 000 　贷：应收账款　120 000
9	借：库存商品　80 000 　贷：生产成本　80 000
10	借：本年利润　1 500 　贷：管理费用　1 500

要求：编制 11 月的试算平衡表。

根据资料编制的试算平衡表如表 1-15 所示。

表 1-15　　　　试算平衡表（简表）

2019 年 11 月 30 日　　　　单位：元

账户名称	期初余额		本期发生额		期末余额	
	借方	贷方	借方	贷方	借方	贷方
库存现金	6 500			1 500	5 000	
银行存款	350 000		220 000	125 500	444 500	
应收账款	120 000			120 000		
原材料	290 000		16 000	110 000	196 000	
库存商品	320 000		80 000		400 000	

续表

账户名称	期初余额		本期发生额		期末余额	
	借方	贷方	借方	贷方	借方	贷方
固定资产	780 000				780 000	
短期借款		170 000	70 000			100 000
应付账款		88 000	20 000	4 000		72 000
应交税费		23 500	23 500			
实收资本		1 225 000		100 000		1 325 000
本年利润		360 000	1 500			358 500
生产成本			110 000	80 000	30 000	
管理费用			1 500	1 500		
合计	1 866 500	1 866 500	542 500	542 500	1 855 500	1 855 500

试算平衡表一般在期末结出各账户的本期发生额和期末余额后编制，试算平衡表中一般应设置“期初余额”“本期发生额”“期末余额”三大栏，其下再设“借方”和“贷方”两个小栏。当然，也可根据试算平衡的目的不同设置不同的格式，如只检查本期经济业务登记是否有误，可只编本期发生额试算平衡表。

试算平衡表如借贷不相等，则记账过程肯定错误，应认真查找错误。但就算三栏全部借贷平衡，也不能发现记账过程中的所有错误，如用错账户、记借方向、记错金额等并不一定影响借贷平衡。所以，日常或定期的复核工作是必不可少的，这样才能保证账户记录的正确性。

项目总结

本项目主要分两个任务来学习，任务一包括会计的产生和发展演变，会计的含义、特征、基本职能、作用，同时描述了会计对象，对会计机构、会计岗位（职业）、会计人员及会计工作的组织和管理、会计法律体系作了较详细的介绍，通过项目的学习，使读者能够较全面地了解了会计与会计职业。任务二包括会计要素的概念、构成、具体内容、会计基本等式、不同经济业务类型对会计要素的影响；介绍了会计核算方法的内容及其相互关系，会计假设和会计基础（权责发生制）；对会计科目的概念、分类，账户的概念、分类、各账户结构、账户设置，会计科目与账户之间的区别与联系等作了详细介绍；重点是复式记账的基本原理、借贷记账法的概念和基本内容，账户的对应关系和对应账户的含义。根据经济业务编制会计分录（记账凭证），借助试算平衡原理对编制试算平衡表做了详细的分析举例。

职业技能训练

一、单项选择题

1. 会计的基本职能是（　　）。

A. 决策、分析　B. 控制、考核　C. 核算、监督　D. 反映、控制

2. 会计执行事后核算职能的主要形式是（　　）。

A. 预测、计划、决策　B. 记账、算账、报账

C. 预算、控制、计划　D. 预测、决策、控制

3. 会计核算和监督所运用的主要计量尺度是（　　）。

A. 实物量度　B. 货币量度　C. 劳动量度　D. 空间量度

4. 会计对象在企业中具体表现为（　　）。

A. 会计要素　B. 会计科目

C. 各种经济业务　D. 以货币表现的经济活动

5. 按照《会计法》的规定，管理全国会计工作的部门是（　　）。

A. 全国人民代表大会　B. 国务院

C. 财政部　D. 中国注册会计师协会

6. 凡是特定对象中能够以货币表现的经济活动，就是（　　）。

A. 经济业务　B. 会计事项　C. 会计对象　D. 会计工作

7. （　　）是指调整社会经济生活关系中会计关系的法律总规范。

A. 会计法　B. 会计法规　C. 会计规章　D. 会计制度

8. 属于资产项目的是（　　）。

A. 预收账款　B. 库存商品　C. 资本公积　D. 财务费用

9. 属于负债项目的是（　　）。

A. 应收票据　B. 预收账款　C. 无形资产　D. 预付账款

10. 属于所有者权益项目的是（　　）。

A. 应付职工薪酬　B. 固定资产

C. 短期借款　D. 盈余公积

11. 引起资产和负债同时减少的经济业务是（　　）。

A. 以银行存款支付前欠货款　B. 以现金支付办公费用

C. 购买材料，货款尚未支付　D. 收回应收账款存入银行

12. 引起资产有增有减的经济业务是（　　）。

A. 向银行取得借款，存入银行存款户

B. 以现金支付职工工资

C. 收回前欠货款，存入银行存款户

D. 收到投资者投入的货币资金

13. 引起负债有增有减的经济业务是（　　）。

A. 以银行存款偿还银行借款　　B. 以银行存款上交税费

C. 开出应付票据抵付应付账款　　D. 收到投资者投入的设备

14. 企业采购员预借差旅费，所引起的变动为（　　）。

A. 一项资产增加，另一项资产减少　　B. 一项资产增加，一项负债增加

C. 一项负债增加，另一项负债减少　　D. 一项资产减少，一项负债减少

15. 某企业资产总额为610万元，如果发生以下经济业务：（1）收到外单位投资40万元存入银行；（2）以银行存款支付购入材料款12万元；（3）以银行存款偿还银行借款10万元。上述业务发生后，企业资产总额应为（　　）。

A. 646　　B. 638　　C. 658　　D. 640

16. 会计科目是（　　）。

A. 会计要素的名称　　B. 报表的名称

C. 账户的名称　　D. 账簿的名称

17. 借贷记账法的借方表示（　　）。

A. 资产增加，负债及所有者权益减少

B. 资产增加，负债及所有者权益增加

C. 资产减少，负债及所有者权益减少

D. 资产减少，负债及所有者权益增加

18. 借贷记账法的贷方表示（　　）。

A. 资产减少，负债及所有者权益减少

B. 资产增加，负债及所有者权益增加

C. 资产减少，负债及所有者权益增加

D. 资产增加，负债及所有者权益减少

19. “应收账款”账户期初借方余额为7 000元，借方本期发生额为3 000元，贷方本期发生额为12 000元，该账户期末余额应为（　　）。

A. 借余8 000元　B. 贷余9 000元　C. 借余2 000元　D. 贷余2 000元

20. 期末一般有借方余额的账户是（　　）。

A. 应付账款账户　B. 应收账款账户

C. 实收资本账户　D. 预收账款账户

二、多项选择题

1. 属于会计基本职能的有（　　）。

A. 预测职能　B. 核算职能　C. 决策职能　D. 监督职能

2. 从核算的时间看，会计核算包括（　　）。

A. 事后核算　B. 事前核算　C. 事中核算　D. 年中核算

3. 会计在核算和监督中需要运用的计量尺度有（　　）。

A. 货币量度　B. 空间量度　C. 劳动量度　D. 实物量度

4. 属于我国的会计法规体系组成部分的有（　　）。

A. 会计法律　B. 会计组织　C. 会计法规　D. 会计规章

5. 属于企业流动资产的有（　　）。

A. 库存现金和银行存款　B. 预收账款

C. 应收账款　D. 存货

E. 应收票据

6. 属于流动负债的有（　　）。

A. 应付账款　B. 应交税费　C. 预付账款　D. 管理费用

7. 属于长期负债的有（　　）。

A. 固定资产　B. 应付股利　C. 长期借款　D. 应付债券

8. 属于反映企业经营成果的会计要素有（　　）。

A. 收入　B. 费用　C. 所有者权益　D. 利润

9. 正确的经济业务类型有（　　）。

A. 一项资产增加，一项所有者权益减少

B. 资产与负债同时增加

C. 一项负债减少，一项所有者权益增加

D. 负债与所有者权益同时增加

10. （　　）经济业务发生后，不会使资产或权益总额发生变化。

A. 以银行存款 3 000 元，偿还前欠购料款

B. 从银行取得借款 10 000 元，存入银行

C. 以银行存款 8 000 元购买材料

D. 从银行提取现金 900 元

11. 属于会计核算方法的有（　　）。

A. 设置账户　B. 复式记账　C. 对比分析法　D. 成本计算

12. 会计平衡公式具体可用公式表示为（　　）。

A. 资产=权益

B. 资产=负债+所有者权益

C. 资金占用=资金来源

D. 资产=负债+所有者权益+（收入-费用）

13. 账户的基本结构应包括的内容有（　　）。

A. 账户名称　　B. 日期和摘要

C. 凭证种类和号数　　D. 增加、减少的金额及余额

14. 会计分录的要素包括（　　）。

A. 记账方法　　B. 记账方向　　C. 账户名称　　D. 应记金额

15. 关于总分类账户，下列说法中正确的是（　　）。

A. 按一级会计科目开设账户

B. 提供某一会计要素的总括核算资料

C. 只用货币单位进行计量

D. 对所属的各明细分类账户起统驭作用

三、判断题（正确的打“√”，错误的打“×”）

1. 以货币作为统一计量尺度是会计的主要特点。（　　）

2. 企业的各项经济活动都是会计工作的内容。（　　）

3. 凡是特定对象中能够以货币表现的经济活动，都是会计核算和监督的内容。（　　）

4.《会计法》是我国会计法律规范体系的最高层次，是制定其他会计法规的依据，也是指导会计工作的最高准则。（　　）

5. 企业的出纳人员除了登记现金、银行存款日记账外，还可以兼任银行存款余额调节表的核对工作。（　　）

6. 监督是核算的基础，而核算则是监督的延续和深化。（　　）

7. 会计基本等式所体现的平衡关系原理，是设置账户、进行复式记账和编制会计报表的理论依据。（　　）

8. 会计对象各要素之间的平衡关系可用公式表示为：收入 − 费用 = 利润，它通常被称为会计恒等式。（　　）

9. 企业的资产按其流动性强弱，可分为流动资产和固定资产。（　　）

10. 预收账款和预付账款均属于负债。（　　）

11. 从数量上看，资产与权益始终保持平衡关系，任何经济业务的发生均不会改变资产和权益的金额。（　　）

12. 从数量上看，所有者权益等于企业全部资产减去全部负债后的余额。（　　）

13. 任何经济业务发生后，均会引起资产和权益同时发生增减变化，但资产和权益在数量上仍然始终相等。（　　）

14. 如果一项经济业务的发生引起负债的增加和所有者权益的减少，则会计基本等式的平衡关系没有被破坏。（　　）

15. 企业会计准则规定，企业会计记账只能采用复式记账法。（ ）

16. 在借贷记账法下，账户的借方登记增加数，贷方登记减少数。（ ）

17. 资产类账户的余额，一般在借方；权益类账户的余额，一般在贷方。（ ）

18. 一般地说，各类账户的期末余额与记录增加额的一方都在同一方向。（ ）

19. "期末余额=期初余额+本期增加发生额-本期减少发生额"这一公式适用于任何性质账户的结账。（ ）

20. 通过试算平衡检查账簿记录，若借贷平衡就可以肯定记账准确无误。（ ）

四、业务分析题

1. 通过练习，理解经济业务对会计基本等式的平衡关系的影响。

资料：旺佳工厂 2020 年 6 月 1 日资产、负债及所有者权益状况如表 1–16 所示：

表 1–16

资产		权益（负债+所有者权益）	
项目	金额	项目	金额
银行存款	300 000	短期借款	350 000
应收账款	150 000	应付账款	150 000
库存商品	250 000	实收资本	700 000
固定资产	500 000		
合计	1 200 000		1 200 000

该厂 6 月发生下列经济业务：

（1）2 日，以银行存款支付购入材料款 20 000 元。

（2）3 日，投资者投入货币资金 50 000 元，直接偿还短期借款。

（3）4 日，收到投资者投入设备一台，价值 60 000 元（暂不考虑固定资产增值税问题）。

（4）5 日，以银行存款偿还应付账款 30 000 元。

要求：

根据上述资料，为旺佳工厂分别编制 2~5 日的资产、负债及所有者权益状况表格，资产、权益合计数是否平衡？

表 1-17 6 月 2 日资产、负债及所有者权益状况表格

资产		权益（负债+所有者权益）	
项目	金额	项目	金额
银行存款		短期借款	
应收账款		应付账款	
库存商品		实收资本	
固定资产			
合计			

表 1-18 6 月 3 日资产、负债及所有者权益状况表格

资产		权益（负债+所有者权益）	
项目	金额	项目	金额
银行存款		短期借款	
应收账款		应付账款	
库存商品		实收资本	
固定资产			
合计			

表 1-19 6 月 4 日资产、负债及所有者权益状况表格

资产		权益（负债+所有者权益）	
项目	金额	项目	金额
银行存款		短期借款	
应收账款		应付账款	
库存商品		实收资本	
固定资产			
合计			

表 1-20 6 月 5 日资产、负债及所有者权益状况表格

资产		权益（负债+所有者权益）	
项目	金额	项目	金额
银行存款		短期借款	
应收账款		应付账款	

续表

资产		权益（负债+所有者权益）	
库存商品		实收资本	
固定资产			
合计			

2. 根据业务编写会计分录；根据资料，计算部分账户的期末余额，熟悉借贷记账法的账户基本结构；根据资料编制试算平衡表。

根据某公司7月份经济业务，编制会计分录：

（1）2日，向银行申请三个月期限的临时周转借款，金额为100 000元，已存入企业银行存款账户。

（2）3日，出纳员向银行提取现金1 000元，补充备用金。

（3）3日，采购员张三预借差旅费1 200元，付给现金。

（4）5日，购入材料一批，金额100 000元，材料已验收入库，货款用银行存款付讫。

（5）6日，向本市五金采购站购入五金材料一批，金额50 000元，材料验收入库，货款尚未支付。

（6）10日，生产车间为生产产品领用材料一批，金额200 000元。

（7）11日，李四用人民币300 000元，向本企业投资，款已送存开户银行。

（8）13日，以银行存款偿还前欠清风公司材料款60 000元。

（9）20日，以银行存款购入机床一台，买价70 000元，机床交有关部门验收使用（暂不考虑固定资产增值税问题）。

（10）21日，购入办公用品，金额250元，以现金付讫，交管理部门使用。

（11）22日，以银行存款偿还前欠应付票据60 000元，偿还前欠应付账款45 000元。

（12）25日，张三持结算凭证向财务科报销，批准报销差旅费1 100元，交回现金余款100元，结清以前预借款项。

根据某公司账户期初余额，结合上述业务，计算银行存款、应付账款、实收资本期末余额。

表1-21　　　　某公司7月份各账户期初余额　　　　单位：元

账户名称	期初借方余额	期初贷方余额
库存现金	10 000	
银行存款	350 000	

续表

账户名称	期初借方余额	期初贷方余额
应收账款	150 000	
其他应收款		
原材料	300 000	
库存商品	500 000	
固定资产	800 000	
短期借款		200 000
应付账款		100 000
应付票据		60 000
应交税费		30 000
管理费用		
实收资本		1 210 000
本年利润		510 000
合计	2 110 000	2 110 000

借方　　银行存款　　贷方

借方	贷方
期初余额	
本期发生额	本期发生额
期末余额	

借方　　应付账款　　贷方

借方	贷方
期初余额	
本期发生额	本期发生额
期末余额	

借方　　实收资本　　贷方

借方	贷方
期初余额	

本期发生额	本期发生额
期末余额	

7 月底，根据以上资料编制公司试算平衡表（期初、发生额、余额）。

项目2

关键业务的会计核算

项目情景设计

晓莉通过前面的学习，对会计有了一定的了解，知道了会计核算的基本方法，但对具体的核算还是不了解。她现在想通过分析佛山市天好制造有限公司的业务来学习会计核算的方法，佛山市天好制造有限公司是一家小型制造企业，为一般纳税人。20××年 12 月发生相关的经济业务，需对这些经济业务进行会计核算，该怎么做呢？晓莉很想知道。

项目目标

知识目标：了解总分类核算主要账户的用途、结构。

能力目标：能够利用借贷记账法对企业发生的经济业务进行会计核算，编制相关会计分录。

素养目标：能够根据经济业务情况分析出企业经营状态，为企业提供合理的财务信息，并做到细致认真，遵守职业守则。

项目分析

关键业务的会计核算是针对经济活动各环节发生的经济业务进行会计核算。将企业主要经济活动分为筹集资金、供应过程、生产过程、销售过程、利润形成及分配过程，对每个经济活动中的经济业务进行有针对性的分析讲解，依据借贷记账法的规则完成会计核算。

任务 1　筹集资金业务的核算

一、任务导入

企业该如何创立？创立企业之后，需要资金运营，企业资金能够如何取得呢？佛山市天好制造有限公司 20××年 12 月发生与筹集资金相关的经济业务，与筹资相关的经济业务又该如何进行会计处理呢？

二、任务分析

创立企业，首先需要筹集企业进行生产经营活动所需的资金，其主要来源渠道是企业所有者的投资、从银行等金融机构取得的借款以及临时占用其他单位或个人的资金等。企业取得筹集到的资金后，要以货币计量为基本形式，运用借贷记账法，对筹集资金的经济活动进行核算和监督。

三、知识百宝箱

为了进行筹集资金的核算，企业应设置如下账户。

（一）“实收资本”账户

1. 概述

“实收资本”账户核算小企业收到投资者按照合同协议约定或相关规定投入的、构成注册资本的部分。企业（股份有限公司）应当将本账户的名称改为“股本”账户。

投资者可以用现金投资，也可以用现金以外的其他有形资产投资，符合国家规定比例的，还可以用无形资产投资。实收资本的构成比例，即投资者的出资比例或股东的股份比例，通常是确定所有者在小企业所有者权益中所占的份额和参与小企业财务经营决策的基础，也是小企业进行利润分配或股利分配的依据。

“实收资本”账户应按照投资者进行明细核算。该账户为所有者权益账户，贷方登记实收资本的增加额，借方登记实收资本的减少额，期末贷方余额，反映小企业实有的注册资本数额。

2. “实收资本”账户的主要账务处理

（1）小企业收到投资者的出资，借记“银行存款”“其他应收款”“固定资产”“无形资产”等账户，按照其在注册资本中所占的份额，贷记本账户，按照其差额，贷记“资本公积”账户。

（2）根据有关规定增加注册资本，借记“银行存款”“资本公积”“盈余公积”等账户，贷记本账户。根据有关规定减少注册资本，借记本账户、“资本公积”等账户，贷记“库存现金”“银行存款”等账户。

（二）“资本公积”账户

1. 概述

资本公积是指小企业收到的投资者出资额超过其在注册资本或股本中所占份额的部分，主要是指资本溢价和股本溢价。

小企业用资本公积转增资本，应当冲减资本公积。小企业的资本公积不得用于弥补亏损。为了核算小企业资本公积的增减变动情况，企业应当设置“资本公积”账户。“资本公积”账户为所有者权益账户，贷方登记资本公积的增加额，借方登记资本公积的减少额，期末贷方余额反映小企业的资本公积总额。

2. “资本公积”账户的主要账务处理

（1）小企业收到投资者投入的资产，应按实际收到的金额或确定的价值，借记“银行存款”“其他应收款”“固定资产”“无形资产”等账户，按其应享有小企业注册资本的份额计算的金额，贷记“实收资本”账户，按其差额，贷记“资本公积——资本溢价”。

（2）根据有关规定用资本公积转增资本，借记“资本公积”账户，贷记“实收资本”账户。

（3）根据有关规定减少注册资本，借记“实收资本”“资本公积”等账户，贷记“库存现金”“银行存款”等账户。

（三）“短期借款”账户

1. 概述

短期借款是指小企业向银行或其他金融机构等借入的期限在一年以下（含一年）的各种借款。小企业借入的短期借款构成一项负债，企业应当按照借款本金和借款合同利率计算利息费用，计入当期财务费用。

为核算借入的短期借款，小企业应设置“短期借款”账户。该账户为负债类账户，贷方登记增加的短期借款金额，借方登记已偿还短期借款金额，期末贷方余额反映小企业尚未偿还的短期借款本金。该账户可以按借款种类、贷款人和币种进行明细核算。

2. “短期借款”账户的主要账务处理

（1）小企业借入的各种短期借款，借记“银行存款”账户，贷记“短期借款”账户。

（2）在应付利息日，应当按照短期借款合同利率计算确定的利息费用，借记“财务费用”账户，贷记“应付利息”等账户。

（3）小企业偿还借款本金，借记“短期借款”账户，贷记“银行存款”账户。

（四）“长期借款”账户

1. 概述

“长期借款”账户核算小企业向银行或其他金融机构借入的期限在一年以上的各项借款本金。与短期借款相比较，长期借款除了期限比较长以外，其不同点还在于对借款费用的会计处理上，短期借款的借款费用计入“财务费用”账户，长期借款的借款费用有资本化和费用化之分。

“长期借款”账户应按照借款种类、贷款人和币种进行明细核算，该账户为负债类账户，贷方登记小企业借入的长期借款数额，借方登记小企业已经偿还的长期借款本金。期末贷方余额反映小企业尚未偿还的长期借款本金。

2. “长期借款”账户的主要账务处理

（1）小企业借入长期借款，借记“银行存款”账户，贷记“长期借款”账户。

（2）在应付利息日，应当按照借款本金和借款合同利率计提利息费用，借记“财务费用”“在建工程”等账户，贷记“应付利息”账户。

（3）偿还长期借款本金，借记“长期借款”账户，贷记“银行存款”账户。

四、任务实施

佛山市天好制造有限公司20××年12月发生下列经济业务：

【例2-1】5日，收到甲公司投入的货币资金500 000元，款项已存入公司银行账户。

分析：投资者投入的货币资金，使“银行存款”和“实收资本”两个账户同时增加，应借记“银行存款”账户，贷记“实收资本”账户。编制会计分录如下：

借：银行存款　　　　　　　　　　　　　500 000

　　贷：实收资本——甲公司　　　　　　　　　　500 000

【例2-2】10日，接受乙工厂投入的原材料仓库一栋，双方协商按该固定资产的账面价值200 000元作为投入资本入账。

分析：投资者投入的固定资产，使“固定资产”和“实收资本”两个账户同时增加，应借记“固定资产”账户，贷记“实收资本”账户。编制会计分录如下：

借：固定资产　　　　　　　　　　　　　200 000

　　贷：实收资本——乙工厂　　　　　　　　　　200 000

“固定资产”账户属于资产类账户，用来核算固定资产的增减变动情况。借方登记增加的固定资产原始价值，贷方登记减少的固定资产原始价值，期末借方余额表示现有固定资产的原始价值。

【例2-3】12日，收到丙公司投入的专利权，双方协商以150 000元作为投入资本入账。

分析：丙公司投入无形资产，使“无形资产”和“实收资本”账户同时增加，应借记“无形资产”账户，贷记“实收资本”账户。编制会计分录如下：

借：无形资产　　　　　　　　　　　　150 000

　　贷：实收资本——丙公司　　　　　　　　150 000

“无形资产”账户属于资产类账户，用来核算企业持有的无形资产成本，包括专利权、商标权、著作权、土地使用权等的增减变动情况，借方登记无形资产的增加数，贷方登记无形资产的减少数，期末借方余额表示无形资产的实有数。

【例2-4】15日，由于临时周转需要，向银行借入3个月期的借款50 000元，存入公司银行账户。

分析：该项经济业务使“银行存款”和“短期借款”账户同时增加，应借记“银行存款”账户，贷记“短期借款”账户。编制会计分录如下：

借：银行存款　　　　　　　　　　　　50 000

　　贷：短期借款　　　　　　　　　　　　50 000

【例2-5】18日向银行存款借入为期3年、年利率为6%的借款100 000元，存入公司银行账户。

分析：该项经济业务使“银行存款”和“长期借款”账户同时增加，应借记“银行存款”账户，贷记“长期借款”账户。编制会计分录如下：

借：银行存款　　　　　　　　　　　　100 000

　　贷：长期借款　　　　　　　　　　　　100 000

【例2-6】20日，用银行存款偿还已到期的6个月借款40 000元。

分析：该项经济业务使“银行存款”和“短期借款”账户同时减少，应借记“短期借款”账户，贷记“银行存款”账户。编制会计分录如下：

借：短期借款　　　　　　　　　　　　40 000

　　贷：银行存款　　　　　　　　　　　　40 000

【例2-7】25日，经资产评估机构确认，甲公司投入500 000元以外还需要投入120 000元，才能享有原投资者同等的投资比例。

分析：企业在投资者投入时可能会发生出资额超出其在注册资本（或股本）中所占份额的部分，以及直接计入所有者权益的利得和损失等，属于投资者公共积累的资本，作为企业的资本公积入账。

该经济业务使“银行存款”和“资本公积”账户同时增加，应借记“银行存款”账户，贷记“资本公积”账户。编制会计分录如下：

借：银行存款　　　　　　　　　　　　120 000

贷：资本公积　　　　　　　　　　　　　　120 000

【例 2-8】28 日，经批准将企业的资本公积 100 000 元转增注册资本。

分析：企业形成的资本公积主要用于按照法定程序转化为资本金，所以该项经济业务使“资本公积”账户减少，“实收资本”账户增加。应借记“资本公积”账户，贷记“实收资本”账户。编制会计分录如下：

借：资本公积　　　　　　　　　　　　100 000

贷：实收资本　　　　　　　　　　　　　100 000

任务 2　供应过程的核算

一、任务导入

在经济循环中，企业筹集资金开始运营后，进入供应过程。在供应过程中，企业应该对整个过程的经济业务如何进行会计处理呢？佛山市天好制造有限公司 20××年 12 月发生与供应过程相关的经济业务，结合会计准则，我们该如何对这些经济业务进行会计核算呢？

二、任务分析

供应过程是生产经营过程的第一阶段，主要任务是进行物资采购，储备生产需要的各项材料物资。因此，核算的主要内容是：购入物资，与供应商办理价款结算，确定物资的采购成本，将物资验收入库形成物资储备。

三、知识百宝箱

为了进行供应过程的核算，企业应设置如下账户。

（一）“在途物资”账户

“在途物资”账户核算小企业采用实际成本进行材料、商品等物资的日常核算、尚未到达或者尚未验收入库的各种物资的实际采购成本。本账户应按照供应单位和物资品种进行明细核算。

“在途物资”账户属于资产类账户，借方登记购入材料物资的买价和采购费用，贷方登记已完成采购手续、验收入库材料物资的采购成本，期末如有借方余额表示尚未验收入库的在途物资成本。

（二）“原材料”账户

“原材料”账户核算小企业库存的各种材料，包括原料及主要材料、辅助材料、外购半成品、修理用备件、包装材料、燃料等的实际成本或计划成本。

本账户应按照材料的保管地点、材料的类别、品种和规格等进行明细核算。

“原材料”账户属于资产类账户，借方登记验收入库材料的成本，贷方登记发出材料的成本，期末借方余额表示库存材料的成本。

（三）“应付账款”账户

1. 概述

应付账款是指小企业因购买材料、商品或接受劳务供应等而发生的债务，这是买卖双方由于取得物资或服务与支付货款在时间上不一致而产生的负债。

小企业因购买材料等而产生的应付账款，应设置“应付账款”账户进行核算。该账户是负债类账户，贷方反映小企业因购买材料、商品或接受劳务供应等经营活动应支付的款项，借方反映小企业已经归还的应付账款，期末贷方余额反映小企业尚未支付的应付账款。本账户可按债权人进行明细分类。

2. “应付账款”账户的主要账务

（1）小企业购入材料、商品等，货款尚未支付，应当根据有关凭证（发票账单、随货同行发票上记载的实际价款或暂估价值），借记“在途物资”“原材料”等账户，按照可抵扣的增值税进项税额，借记“应交税费——应交增值税（进项税额）”账户，按照应付的价款，贷记本账户。

（2）接受供应单位提供劳务而发生的应付未付款项，应当根据供应单位的发票账单，借记“生产成本”“管理费用”等账户，贷记本账户。

（3）小企业偿付应付账款，借记本账户，贷记“银行存款”等账户。小企业确实无法偿付的应付账款，借记本账户，贷记“营业外收入”账户。

（四）“应交税费”账户

“应交税费”账户核算小企业按照规定计算应缴纳的各种税费，包括增值税、营业税、城市维护建设税、企业所得税、资源税、土地增值税、城镇土地使用税、房产税、车船税和教育费附加、矿产资源补偿费、排污费等。小企业代扣代缴的个人所得税等，也通过本账户核算。

“应交税费”账户为负债类账户，贷方登记应缴纳的各种税金，借方登记已缴纳的各种税金。期末贷方余额，反映小企业尚未缴纳的税费；期末如为借方余额，反映小企业多交或尚未抵扣的税费。“应交税费”账户应按照应交的税费项目进行明细核算。

“应交税费——应交增值税”还应当分别在“进项税额”“销项税额”“出口退税”“进项税额转出”“已交税金”等设置专栏。小规模纳税人只需设置“应交增值税”明细账户，不需要在“应交增值税”明细账户中设置上述专栏。

四、任务实施

【例2-9】2日，从红光工厂购入A材料2 000千克，买价50 000元，增值税进项税额 8 500 元。款项用银行存款支付，材料同时验收入库。

分析：该项经济业务应按采购成本和支付的进项税额借记“原材料”和“应交税费——应交增值税（进项税额）”账户，对已付款项贷记“银行存款”账户。编制会计分录如下：

借：原材料——A 材料　　50 000
　　应交税费——应交增值税（进项税额）　　8 500
贷：银行存款　　58 500

【例 2-10】5 日，从光明工厂购入 B 材料 1 000 千克，买价 40 000 元，增值税进项税额 6 800 元；购入 C 材料 1 000 千克，买价 5 000 元，增值税进项税额 850 元。款项尚未支付，材料已经验收入库。

分析：该项经济业务应按材料采购成本和支付的进项税额借记“原材料”和“应交税费——应交增值税（进项税额）”账户，对未付款项贷记“应付账款”账户。编制会计分录如下：

借：原材料——B 材料　　40 000
　　　　　——C 材料　　5 000
　　应交税费——应交增值税（进项税额）　　7 650
　　贷：应付账款——光明工厂　　52 650

【例 2-11】10 日，从胜利工厂购入 D 材料 5 000 千克，买价 20 000 元，增值税进项税额 3 400 元。款项已经用银行存款支付，材料尚未到达。

分析：该项经济业务应按采购成本和支付的进项税额借记“在途物资”和“应交税费——应交增值税（进项税额）”账户，对已付款项贷记“银行存款”账户。编制会计分录如下：

借：在途物资——D 材料　　20 000
　　应交税费——应交增值税（进项税额）　　3 400
　　贷：银行存款　　23 400

【例 2-12】20 日，从胜利工厂购入的 D 材料 5 000 千克到达，并验收入库。

分析：该项经济业务使银行存款和应付账款同时减少，应借记“应付账款”账户，贷记“银行存款”账户。编制会计分录如下：

借：原材料——D 材料　　20 000
　　贷：在途物资——D 材料　　20 000

【例 2-13】25 日，用银行存款支付前欠光明工厂货款 52 650 元。

分析：用银行存款支付前欠货款，银行存款减少，应贷记“银行存款”账户，同时前欠货款减少，应借记“应付账款”账户。编制会计分录如下：

借：应付账款——光明工厂　　　　　　　　52 650

　　贷：银行存款　　　　　　　　　　　　　　52 650

任务3　生产过程的核算

一、任务导入

原材料购进后，将进入生产车间生产成产品，那么产品的成本如何归集、价值如何计算呢？佛山市天好制造有限公司20××年12月发生与生产过程相关的经济业务，根据会计准则的要求，将如何进行会计处理？

二、任务分析

生产过程是企业生产经营过程的中心环节。为了生产产品，必然要发生各种耗费，如材料的耗费、固定资产的磨损、支付职工薪酬和其他费用等，这些生产耗费最终应归集分配到各种产成品成本中去，构成产品成本。对于生产经营过程中发生的与产品生产无直接关系的各种费用，如管理费用、财务费用等，应当直接计入当期损益，不计入产品成本。因此，生产过程核算的主要内容是归集和分配各项费用，计入产品生产成本。

三、知识百宝箱

（一）“生产成本”账户

1. 概述

“生产成本”账户核算小企业进行工业性生产发生的各项生产成本，包括：生产各种产品（产成品、自制半成品等）、自制材料、自制工具、自制设备等。本账户可按照基本生产成本和辅助生产成本进行明细核算。

2. “生产成本”账户的主要账务处理

（1）小企业发生的各项直接生产成本，借记本账户（基本生产成本、辅助生产成本），贷记“原材料”“库存现金”“银行存款”“应付职工薪酬”等账户。

（2）各生产车间应负担的制造费用，借记本账户，贷记“制造费用”账户。

（3）小企业已经生产完成并已验收入库的产成品以及入库的自制半成品，可在月末，借记“库存商品”等账户，贷记本账户。

（4）本账户期末借方余额，反映小企业尚未加工完成的在产品成本。

（二）“制造费用”账户

1. 概述

“制造费用”账户核算小企业生产车间（部门）为生产产品和提供劳务而发生的各项间接费用。小企业经过一年期以上的制造才能达到预定可销售状态的产品发生的借款费用，也在本账户核算。小企业行政管理部门为组织和管理生产经营活动而发生的管理费用，在“管理费用”账户核算，不在本账户核算。本账户应按照不同的生产车间、部门和费用项目进行明细核算。

2. “制造费用”账户的主要账务处理

（1）生产车间发生的机物料消耗和固定资产修理费，借记本账户，贷记“原材料”“银行存款”等账户。

（2）发生的生产车间管理人员的工资等职工薪酬，借记本账户，贷记“应付职工薪酬”账户。

（3）生产车间计提的固定资产折旧费，借记本账户，贷记“累计折旧”账户。

（4）生产车间支付的办公费、水电费等，借记本账户，贷记“银行存款”账户。

（5）发生季节性和修理期间的停工损失，借记本账户，贷记“原材料”“应付职工薪酬”“银行存款”等账户。

（6）小企业经过一年期以上的制造才能达到预定可销售状态的产品在制造完成之前发生的借款利息，在应付利息日根据借款合同利率计算确定的利息费用，借记本账户，贷记“应付利息”账户。制造完成之后发生的利息费用，借记“财务费用”账户，贷记“应付利息”账户。

（7）将制造费用分配计入有关的成本核算对象，借记“生产成本”等账户，贷记本账户。

（8）除季节性的生产性小企业外，本账户期末应无余额。

（三）“管理费用”账户

1. 概述

小企业管理费用是指小企业为组织和管理生产经营发生的其他费用，包括企业的董事会和行政管理部门在企业的经营管理中发生的，或者应当由企业统一负担的各项费用。管理费用是小企业为组织和管理生产经营发生的其他费用。这是区分管理费用与营业成本、销售费用和财务费用的关键所在。

“管理费用”账户主要核算小企业为组织和管理生产经营发生的其他费用。包括：小企业在筹建期间发生的开办费、行政管理部门发生的费用（包括固定资产折旧费、修理费、办公费、水电费、差旅费、管理人员的职工薪酬等）、业务招待费、研究费用、技术转让费、相关长期待摊费用摊销、财产保险费、聘请中介机构费、咨询费（含顾问费）、诉讼费等。

2. “管理费用”账户的主要账务处理

（1）小企业在筹建期间发生的开办费，包括相关人员的职工薪酬、办公费、培训费、差旅费、印刷费、注册登记费以及不计入固定资产成本的借款费用等费用，在实际发生时，借记“管理费用”账户，贷记“银行存款”等账户。

（2）行政管理部门人员的职工薪酬及其他职工薪酬，包括因解除与职工的劳动关系给予的补偿，借记“管理费用”账户，贷记“应付职工薪酬”账户。

（3）行政管理部门计提的固定资产折旧费和发生的修理费，借记“管理费用”账户，贷记“累计折旧”“银行存款”等账户。

（4）小企业发生的业务招待费、相关长期待摊费用摊销、技术转让费、财产保险费、聘请中介机构费、咨询费（含顾问费）、诉讼费等，借记“管理费用”账户，贷记“银行存款”等账户。

（5）期末，将“管理费用”账户的余额转入“本年利润”账户，借记“本年利润”账户，贷记“管理费用”账户，结转后“管理费用”账户期末无余额。

（四）“财务费用”账户

1. 概述

小企业“财务费用”账户核算小企业为筹集生产经营所需资金发生的筹资费用，包括：利息费用（减利息收入）、汇兑损失、银行相关手续费、小企业给予的现金折扣（减享受的现金折扣）等费用。

2. “财务费用”账户的主要账务处理

（1）小企业发生的利息费用、汇兑损失、银行相关手续费、给予的现金折扣等，借记“财务费用”账户，贷记“银行存款”“应付利息”等账户。

（2）发生的应冲减财务费用的利息收入、享受的现金折扣等，借记“银行存款”等账户，贷记“财务费用”账户。

（3）期末，将“财务费用”账户的余额转入“本年利润”账户，借记“本年利润”账户，贷记“财务费用”账户，结转后“财务费用”账户期末无余额。

四、任务实施

【例2-14】2日，将多余库存现金15 000元存入银行。

分析：该项经济业务使银行存款增加，库存现金减少，应借记“银行存款”账户，贷记“库存现金”账户。编制会计分录如下：

借：银行存款　　　　　　　　　　　　　15 000

　　贷：库存现金　　　　　　　　　　　　　15 000

【例 2-15】10 日，用银行存款支付职工工资 50 000 元。

分析：该项经济业务使银行存款和企业的应付工资同时减少，应借记“应付职工薪酬”账户，贷记“银行存款”账户。编制会计分录如下：

借：应付职工薪酬　　　　　　　　　　　50 000

　　贷：银行存款　　　　　　　　　　　　　50 000

小企业与职工之间的工资结算，通过“应付职工薪酬”账户进行，该账户属于负债类账户，用来核算小企业根据有关规定应付给职工的各种薪酬。贷方登记小企业应付职工的各种薪酬，借方登记实际发放的职工薪酬，期末贷方余额表示尚未支付的应付职工薪酬。本账户可按“工资”“职工福利”等进行明细核算。

【例 2-16】12 日，用现金购入办公用品，其中生产车间 100 元，管理部门 300 元。

分析：该项经济业务使库存现金减少，生产车间和管理部门费用增加，应借记“制造费用”和“管理费用”账户，贷记“库存现金”账户。编制会计分录如下：

借：制造费用　　　　　　　　　　　　　100

　　管理费用　　　　　　　　　　　　　300

　　贷：库存现金　　　　　　　　　　　　　400

【例 2-17】15 日，用银行存款支付明年上半年财产保险费 3 000 元。

分析：该项经济业务使银行存款减少，预付账款增加，应借记“预付账款”账户，贷记“银行存款”账户。编制会计分录如下：

借：预付账款——财产保险费　　　　　　3 000

　　贷：银行存款　　　　　　　　　　　　　3 000

“预付账款”账户属于资产类账户，用来核算小企业按照合同规定预付的款项。借方登记小企业因购货等而预付的款项，贷方登记企业按合同规定应支付的金额，期末如为借方余额，反映企业预付的款项；期末如为贷方余额，反映企业尚未补付的款项。

【例 2-18】18 日，采购员陈丽出差，预借差旅费 5 000 元，用库存现金支付。

分析：该项经济业务使库存现金减少，同时使企业应收回的款项增加，应借记“其他应收款”账户，贷记“库存现金”账户。编制会计分录如下：

借：其他应收款——陈丽　　　　　　　　5 000

　　贷：库存现金　　　　　　　　　　　　5 000

“其他应收款”账户属于资产类账户，用来核算小企业应收及暂付其他单位或个人的款项。借方登记应收款的增加，贷方登记收回的应收款项，期末借方余额表示尚未收回的款项。

【例 2-19】25 日，采购员陈丽出差回来，报销差旅费 4 550 元，退回现金 450 元。

分析：该项经济业务因报销差旅费和退回现金，使管理费用和库存现金增加，其他应收款减少，应借记“管理费用”和“库存现金”账户，贷记“其他应收款”账户。编制会计分录如下：

借：库存现金　　　　　　　　　　　　450

　　管理费用　　　　　　　　　　　　4 550

　　贷：其他应收款——陈丽　　　　　　5 000

【例 2-20】31 日，预提本月短期借款利息 2 100 元。

分析：在日常实践中，由于银行利息可能是一个月还一次，一个季度还一次，或一年还一次，为了更准确地核算本月的会计成果，即使未支付，也应按期计提利息作为当期的财务费用。是这样处理的：如果计提利息的，都是当月计提利息，然后下期或到指定的时间还给银行。

该项经济业务，由于预提短期借款利息使应付利息增加，同时也使企业财务费用增加，应借记“财务费用”账户，贷记“应付利息”账户。编制会计分录如下：

借：财务费用　　　　　　　　　　　　2 100

　　贷：应付利息　　　　　　　　　　　　2 100

“应付利息”账户属于负债类账户，用来核算小企业按照合同约定应支付的利息。借方登记实际支付的利息，贷方登记按实际利率计算确定的应付未付的利息，期末贷方余额表示企业应付未付的利息。

【例 2-21】31 日，根据领料凭证汇总表，本月领用材料如表 2-1 所示。

表 2-1

材料种类	领料部门及用途				金额合计
	甲产品	乙产品	车间耗用	管理部门	
A 材料	40 000	5 000			45 000
B 材料		36 000			36 000
C 材料			3 000	1 000	4 000

续表

材料种类	领料部门及用途				金额合计
	甲产品	乙产品	车间耗用	管理部门	
D材料	11 000	3 000			14 000
合计	51 000	44 000	3 000	1 000	99 000

分析：该项经济业务使库存材料减少，应计入“生产成本”“制造费用”和“管理费用”账户的材料费用增加，应借记“生产成本”“制造费用”和“管理费用”账户，贷记“原材料”账户。编制会计分录如下：

借：生产成本——甲产品　　51 000
　　　　　　——乙产品　　44 000
　　制造费用　　3 000
　　管理费用　　1 000
　　贷：原材料——A材料　　45 000
　　　　　　　——B材料　　36 000
　　　　　　　——C材料　　4 000
　　　　　　　——D材料　　14 000

【例2-22】31日，结转本月应付职工工资85 000元，其中生产甲产品工人工资30 000元，生产乙产品工人工资25 000元，生产车间管理人员工资10 000元，企业管理人员工资20 000元。

分析：该项经济业务使企业应付给职工的工资增加，同时应分配计入“生产成本”“制造费用”和“管理费用”账户的工资费用增加。因此应借记“生产成本”“制造费用”和“管理费用”账户，贷记“应付职工薪酬——工资”账户。编制会计分录如下：

借：生产成本——甲产品　　30 000
　　　　　　——乙产品　　25 000
　　制造费用　　10 000
　　管理费用　　20 000
　　贷：应付职工薪酬——工资　　85 000

【例2-23】31日，计提本月固定资产折旧15 000元，其中生产车间固定资产折旧8 500元，企业管理部门固定资产折旧6 500元。

分析：固定资产在使用过程中发生的价值损耗应按月计算，增加当月的制造费用和管理费用，同时增加固定资产已提折旧的累计数，因此，应借记“制造费用”和“管理费用”账户，贷记“累计折旧”账户。编制会计分录如下：

借：制造费用　　　　　　　　　　　8 500
　　管理费用　　　　　　　　　　　6 500
　　贷：累计折旧　　　　　　　　　　　15 000

固定资产在使用期限内始终保持其原有的实物形态，但其价值却随着固定资产的磨损而逐渐转移到成本费用中去，从企业取得的收入中得到补偿。这部分逐渐转移的价值，称为固定资产折旧，在成本费用中称为折旧费。

“累计折旧”账户属于资产类账户，用来核算固定资产的累计折旧额。贷方登记计提的累计折旧，借方登记固定资产减少时冲销的折旧数，期末贷方余额表示现有固定资产的累计折旧数。由于折旧的增加即表示固定资产实际价值的减少，固定资产的原始价值减去累计折旧后的价值反映固定资产的实际价值，因此该账户的结构与固定资产账户相反。

【例2-24】31日，用银行存款支付本月水电费25 000元，其中生产车间21 000元，管理部门4 000元。

分析：该项经济业务使银行存款减少，生产车间和管理部门费用增加，应借记“制造费用”和“管理费用”账户，贷记“银行存款”账户。编制会计分录如下：

借：制造费用　　　　　　　　　　　21 000
　　管理费用　　　　　　　　　　　 4 000
　　贷：银行存款　　　　　　　　　　　25 000

【例2-25】31日，将本月发生的制造费用转入生产成本，其中甲产品负担29 000元，乙产品负担15 000元。

分析：生产车间为组织管理生产而发生的制造费用，应计入产品成本。因此，月末应将归集在“制造费用”账户的费用分配转入到“生产成本”账户，借记“生产成本”账户，贷记“制造费用”账户。编制会计分录如下：

借：生产成本——甲产品　　　　　　29 000
　　　　　　——乙产品　　　　　　15 000
　　贷：制造费用　　　　　　　　　　　44 000

【例2-26】31日，结转本月完工入库的生产成本。其中：甲产品700件全部完工，总成本114 200元；乙产品750件全部完工，总成本87 500元。

分析：企业生产完工验收入库的库存商品，应于月末确定其实际生产成本，从“生产成本”账户结转入“库存商品”账户，借记“库存商品”账户，贷记“生产成本”账户。编制会计分录如下：

借：库存商品——甲产品　　　　　　114 200
　　　　　　——乙产品　　　　　　 87 500

贷：生产成本——甲产品　　　　　　　　　114 200
　　　　　　——乙产品　　　　　　　　　　87 500

任务4　销售过程的核算

一、任务导入

产品生产完工后将进入下一个经济活动环节——销售过程。通过销售产品，企业获得收入，那么企业该如何在会计上确认收入呢？销售的产品成本如何结转？佛山市天好制造有限公司20××年12月发生与销售过程相关的经济业务，结合会计准则，如何完成相关的会计处理？

二、任务分析

销售过程是小企业生产经营过程的最后阶段，主要任务是将生产的产品销售出去以满足社会需要，取得销售收入，使企业的生产耗费得到补偿，并实现企业的经营目标。因此，销售过程核算的主要内容是确认售出产品所实现的销售收入，与购货单位办理价款结算，支付各项销售费用，结转产品的销售成本，计算应向国家缴纳的销售税金及附加税费，确定其销售业务成果。

三、知识百宝箱

为了进行销售过程的核算，企业应设置如下账户。

（一）“主营业务收入”账户

1. 概述

“主营业务收入”账户核算小企业确认的销售商品或提供劳务等主营业务的收入。该账户应按照主营业务的种类进行明细核算。

2. “主营业务收入”账户的主要账务处理

（1）小企业销售商品或提供劳务实现的收入，应当按照实际收到或应收的金额，借记“银行存款”“应收账款”等账户，按照税法规定应缴纳的增值税额，贷记“应交税费——应交增值税（销项税额）”账户，按照确认的销售商品收入，贷记本账户。

（2）发生销货退回（不论属于本年度还是属于以前年度的销售），按照应冲减销售商品收入的金额，借记本账户，按照实际支付或应退还的金额，贷记“银行存款”“应收账款”等账户。涉及增值税销项税额的，还应进行相应的账务处理。

（3）月末，可将本账户的余额转入“本年利润”科目，结转后本账户无余额。

（二）“主营业务成本”账户

1. 概述

“主营业务成本”账户是核算小企业销售商品、提供劳务等经常性活动所发生成本的账户。企业一般在销售商品、提供劳务等主营业务收入确认的同时或月末，将已销售商品、已提供劳务的成本转入主营业务成本。

2. “主营业务成本”账户的主要账务处理

（1）月末，小企业应根据本月销售各种商品、提供的各种劳务等实际成本，计算应结转的主营业务成本，借记“主营业务成本”账户，贷记“库存商品”“劳务成本”“生产成本”等账户。

（2）企业本期发生的销售退回，一般可以直接从本月的销售商品数量中减去，得出本月销售的净数量，然后计算出应结转的主营业务成本；也可以单独计算本月销售退回商品成本，借记“库存商品”等账户，贷记“主营业务成本”账户。

（3）月末，将“主营业务成本”账户的余额转入“本年利润”账户。借记“本年利润”账户，贷记“主营业务成本”账户。

（三）“销售费用”账户

1. 概述

销售费用是指小企业在销售商品或提供劳务过程中发生的各种费用，包括销售人员的职工薪酬、商品维修费、运输费、装卸费、包装费、保险费、广告费、业务宣传费、展览费等费用。小企业（批发业、零售业）在购买商品过程中发生的费用（包括运输费、装卸费、包装费、保险费、运输途中的合理损耗和入库前的挑选整理费等）也构成销售费用。

2. “销售费用”账户的主要账务处理

（1）小企业在销售商品过程中发生的包装费、保险费、展览费和广告费、运输费、装卸费等费用，借记“销售费用”账户，贷记“银行存款”“库存现金”等账户。

（2）小企业发生的为销售本企业商品而专设的销售机构的职工薪酬、业务费等经营费用，借记“销售费用”账户，贷记“应付职工薪酬”“银行存款”“累计折旧”等账户。

（3）月末，应将“销售费用”账户余额转入“本年利润”账户，结转后“销售费用”账户无余额。

（四）“税金及附加”账户

1. 概述

小企业应设置“税金及附加”账户，核算小企业开展日常生产经营活动应负担的相关税费。该账户应按照税费种类进行明细核算。

2. “税金及附加”账户的主要账务处理

（1）小企业按照规定计算确定的与其日常生产经营活动相关的税费，借记“税金及附加”账户，贷记“应交税费”等账户。

（2）月末，可将本账户余额转入“本年利润”账户，结转后本账户应无余额。

（五）“应收账款”账户

1. 概述

应收账款是指小企业因销售商品、提供劳务等日常生产经营活动而应收取的款项。应收账款包括小企业销售商品或提供劳务等向购货方或接受劳务方收入的价款或代购货单位垫付的包装费、运杂费等。

为了反映应收账款的增减变动及其结存情况，小企业应设置“应收账款”账户。本账户可以按照对方单位（或个人）进行明细核算。

2. “税金及附加”账户的主要账务处理

（1）小企业因销售商品、提供劳务形成的应收账款，应按照应收金额，借记“应收账款”账户；按照税法规定应缴纳的增值税销项税额，贷记“应交税费——应交增值税（销项税额）”账户；按照其差额，贷记“主营业务收入”“其他业务收入”等账户。

（2）小企业代购货单位垫付包装费、运杂费等，借记“应收账款”账户，贷记“银行存款”账户；收回代垫费用时，借记“银行存款”账户，贷记“应收账款”账户。

（3）小企业收回应收账款，应借记“银行存款”“库存现金”等账户，贷记“应收账款”账户。

（六）“其他业务收入”账户

1. 概述

小企业“其他业务收入”账户核算小企业除主营业务收入以外的其他销售或其他业务的收入，如材料销售、无形资产出租、包装物出租等收入。小企业其他业务收入的确认原则，比照主营业务收入的规定办理。

2. “其他业务收入”账户的主要账务处理

（1）小企业销售材料，按售价和应收的增值税，借记“银行存款”“应收账款”等账户，按实现的营业收入，贷记“其他业务收入”账户，按专用发票上注明的增值税额，贷记“应交税金——应交增值税（销项税额）”账户。

（2）收到出租包装物的租金，借记“现金”“银行存款”等账户，按实现的收入金额，贷记“其他业务收入”账户，按专用发票上注明的增值税额，贷记“应交税金——应交增值税（销项税额）”账户。

（3）出租无形资产所取得的租金收入，借记“银行存款”等账户，贷记“其他业务收入”账户；结转出租无形资产的成本时，借记“其他业务支出”账户，贷记“无形资产”等账户。

（4）月末，可将本科目余额转入“本年利润”账户，结转后本科目应无余额。

（七）“其他业务成本”账户

1. 概述

“其他业务成本”账户核算小企业确认的除主营业务活动以外的其他经营活动所发生的支出，包括销售材料的成本、出租固定资产的折旧额、出租无形资产的摊销额、出租包装物的成本或摊销额等。

2. “其他业务成本”账户的主要账务处理

（1）企业发生的其他业务成本，借记“其他业务成本”账户，贷记“原材料”“周转材料”“累计折旧”“累计摊销”“应付职工薪酬”“银行存款”等账户。

（2）其他业务成本，在月末需要结转入“本年利润”账户，借记“本年利润”账户，贷记“其他业务成本”账户。

四、任务实施

【例2-27】3日，销售给中恒公司甲产品100件，每件售价300元，计30 000元，增值税销项税额5 100元，款项已经收存银行存款户。

分析：该项经济业务使银行存款增加，同时也使企业的销售收入增加和应交的增值税增加，因此应借记“银行存款”账户，贷记“主营业务收入”和“应交税费”账户。编制会计分录如下：

借：银行存款　　　　35 100

　　贷：主营业务收入——甲产品　　　　30 000

　　　　应交税费——应交增值税（销项税额）　　5 100

【例2-28】7日，用银行存款支付产品销售广告费50 000元。

分析：该项经济业务使银行存款减少，同时也使销售费用增加，应借记“销售费用”账户，贷记“银行存款”账户。编制会计分录如下：

借：销售费用　　　　50 000

　　贷：银行存款　　　　50 000

【例2-29】9日，销售给立新工厂乙产品1 000件，每件售价200元，计200 000元，增值税销项税额34 000元，款项暂未收到。

分析：该项经济业务使应收回的销货款增加，同时也使企业的销售收入增加和应交的增值税增加，因此应借记“应收账款”账户，贷记“主营业务收入”和“应交税费”账户。编制会计分录如下：

借：应收账款——立新工厂　　　　　　　　　234 000

　　贷：主营业务收入——乙产品　　　　　　　　　200 000

　　　　应交税费——应交增值税（销项税额）　34 000

【例 2-30】15 日，销售给昌盛工厂 B 材料 500 千克，每千克售价 42 元，计 21 000 元，增值税销项税额 3 570 元，款项已收存银行户。

分析：该项经济业务因销售库存材料使银行存款增加，同时也使企业的其他业务收入增加和应交的增值税增加，因此应借记“银行存款”账户，贷记“其他业务收入”和“应交税费”账户。编制会计分录如下：

借：银行存款　　24 570

　　贷：其他业务收入　　21 000

　　　　应交税费——应交增值税（销项税额）　　3 570

【例 2-31】21 日，收到立新工厂偿还的前欠乙产品货款 234 000 元，存入银行。

分析：该项经济业务使银行存款增加，应收的销货款减少，应借记“银行存款”账户，贷记“应收账款”账户。编制会计分录如下：

借：银行存款　　　　　　　　　　　　　　234 000

　　贷：应收账款——立新工厂　　　　　　　　　　234 000

【例 2-32】25 日，销售给万强工厂甲产品 800 件，每件售价 300 元，计 240 000元，乙产品 200 件，每件售价 200 元，计 40 000 元，增值税销项税额 47 600 元，款项已经存入银行。

分析：该项经济业务使银行存款增加，同时也使企业的销售收入增加和应交的增值税增加，因此应借记“银行存款”账户，贷记“主营业务收入”和“应交税费”账户。编制会计分录如下：

借：银行存款　　　　　　　　　　　　　　327 600

　　贷：主营业务收入——甲产品　　　　　　　　　240 000

　　　　　　　　　　——乙产品　　　　　　　　　　40 000

　　　　应交税费——应交增值税（销项税额）　47 600

【例 2-33】31 日，结转本月销售甲产品 900 件的生产成本 144 000 元，销售乙产品 1 200 件的生产成本 156 000 元。

分析：该项经济业务由于产品已销售而使库存商品减少，同时也使应从销售收入中补偿的已销产品的成本增加，因此应借记“主营业务成本”账户，贷记“库存商品”账户。编制会计分录如下：

借：主营业务成本——甲产品　　144 000

——乙产品　　156 000

贷：生产成本——甲产品　　144 000

——乙产品　　156 000

【例 2-34】31 日，结转本月已销 B 材料 500 千克的成本 19 000 元。

分析：该项经济业务由于材料已售出而使库存原材料减少，同时也使应从收入中补偿的企业购入材料发生的成本支出增加，因此应借记“其他业务成本”账户，贷记“原材料”账户。编制会计分录如下：

借：其他业务成本　　19 000

贷：原材料——B 材料　　19 000

【例 2-35】31 日，计算本月销售业务应缴纳的增值税，同时计算本月应缴纳的城市维护建设税（适用税率 7%）、教育费附加（适用费率 2%）和地方教育附加（适用费率 2%）。

分析：按现行税法，应交增值税等于当期销项税额减去当期进项税额。根据前例：

销项税额＝5 100【例 2-27】+34 000【例 2-29】+3 570【例 2-30】+46 700【例 2-32】＝90 270 元

进项税额＝8 500【例 2-9】+7 650【例 2-10】+3 400【例 2-11】＝19 550 元

则：应交增值税＝销项税额－进项税额＝90 270－19 550＝70 720 元

本月应交增值税为 70 720 元，依据税法规定，计算城市维护建设税、教育费附加和地方教育附加：

应交城市维护建设税＝70 720×7%＝4 950. 4 元

应交教育费附加＝70 720×3%＝2 121. 6 元

应交地方教育附加＝70 720×2%＝1 414. 4 元

编制会计分录如下：

借：税金及附加　　8 486. 4

贷：应交税费——应交城市维护建设税　　4 950. 4

——应交教育费附加　　2 121. 6

——应交地方教育附加　　1 414. 4

任务 5　利润形成和分配的核算

一、任务导入

企业经过了筹资、供应、生产、销售等环节，进入经济循环的又一个环节——利润形成及分配的过程。那么企业利润如何计算，又将如何进行分配呢？佛山市天好制造有限公司 20××年 12 月发生与利润相关的经济业务，并在月末计算利润并完成利润分配。

二、任务分析

利润是指小企业在一定会计期间的经营成本，包括：营业利润、利润总额和净利润。

营业利润＝营业收入－营业成本－税金及附加－销售费用－管理费用
　　　　－财务费用＋投资收益（－投资损失）

（营业收入＝主营业务收入＋其他业务收入；营业成本＝主营业务成本＋其他业务成本）

利润总额＝营业利润＋营业外收入－营业外支出

净利润＝利润总额－所得税费用

三、知识百宝箱

为了进行利润形成和分配的核算，企业应设置如下账户。

（一）“营业外收入”账户

1. 概述

营业外收入，是指小企业非日常生产经营活动形成的、应当计入所有者权益、会导致所有者权益增加、与所有者投入资本无关的经济利益的净流入，具体包括非流动资产处置净收益、政府补贴、捐赠收益、盘盈收益、汇兑损溢、出租包装物和商品的租金收入、逾期未退包装物押金收入、确实无法偿还的应付账款、违约金收益等。

2. “营业外收入”账户的主要账务处理

（1）企业应通过“营业外收入”账户，核算营业外收入的取得及结转情况。该科目贷方登记企业确认的各项营业外收入，借方登记期末结转入本年利润的营业外收入。结转后该科目应无余额。该科目应按照营业外收入的项目进行明细核算。

（2）企业确认营业外收入，借记“固定资产清理”“银行存款”“待处理财产损溢”等账户，贷记“营业外收入”账户。期末，应将“营业外收入”账户余额转入“本年利润”账户，借记“营业外收入”账户，贷记“本年利润”账户。

（二）“营业外支出”账户

1. 概述

营业外支出，是指小企业非日常生产经营活动发生的、应当计入当期损益、会导致所有者权益减少、与向所有者分配利润无关的经济利益的净流出。小企业的营业外支出包括：存货的盘亏、毁损、报废损失，非流动资产处置净损失，坏账损失，无法收回的长期债券投资损失，无法收回的长期股权投资损失，自然灾害等不可抗力因素造成的损失，税收滞纳金，罚金，罚款，被没收财物的损失，捐赠支出，赞助支出等。通常，小企业的营业外支出应当在发生时按照其发生额计入当期损益。

2. “营业外支出”账户的主要账务处理

（1）企业发生营业外支出时，借记“营业外支出”账户，贷记“固定资产清理”“待处理财产损溢”“库存现金”“银行存款”等账户。

（2）期末，应将“营业外支出”账户余额转入“本年利润”账户，借记“本年利润”账户，贷记“营业外支出”账户。

（三）“投资收益”账户

投资收益，由小企业股权投资取得的现金股利（或利润）、债券投资取得的利息收入和处理股权投资和债券投资取得的处置价款扣除成本或账面余额、相关税费后的净额三部分构成。

“投资收益”账户核算小企业确认的投资收益或投资损失。本账户可按投资项目进行明细核算。“投资收益”账户贷记应收的股利、利息以及处置债券或股票取得的收益，借记处置债券或股票发生的损失，期末本账户余额转入“本年利润”账户，结转后本账户无余额。

（四）“本年利润”账户

1. 概述

小企业应设置“本年利润”账户，用于核算小企业当期实现的净利润或发生的净亏损。

2. “本年利润”账户的主要账务处理

（1）会计期末，企业应将各损益类科目的余额转入“本年利润”账户，结平各损益类账户。将收入类账户贷方余额转入，借记收入类账户，贷记“本年利润”账户。将费用类账户借方余额转入，借记“本年利润”账户，贷记费用类账户。

（2）“投资收益”账户如为净收益，借记“投资收益”账户，贷记“本年利润”账户；如为净损失，则做相反处理。

（3）期末结转利润后，“本年利润”账户如为贷方余额，反映年初至本期末累计实现的净利润；如为借方余额，反映年初至本期末累计发生的净亏损。

（4）年度终了，企业应将收入和支出相抵后结出的本年实现的净利润，转入“利润分配——未分配利润”账户：借记“本年利润”账户，贷记“利润分配——未分配利润”账户；如果为净亏损，则做相反处理。结转后，“本年利润”账户应无余额。

（五）“所得税费用”账户

“所得税费用”账户核算小企业根据税法规定确认的应从当期利润总额中扣除的所得税费用。“所得税费用”账户借方登记当期应缴纳税额，贷方登记期末结转入“本年利润”账户的本账户余额，结转后本账户无余额。

（六）“利润分配”账户

利润分配是指企业根据国家有关规定和企业章程、投资者的决议等，对企业当年可供分配的利润所进行的分配。企业应该设置“利润分配”账户，本账户核算企业利润的分配（或亏损的弥补）和历年分配（或弥补）后的余额。

“利润分配”账户下应当分别设置“提取法定盈余公积”“提取任意盈余公积”“应付现金股利”“盈余公积补亏”和“未分配利润”等明细账户进行核算。

利润分配的顺序依次是：提取法定盈余公积、提取任意盈余公积、向投资者分配利润。

（七）“盈余公积”账户

1. 概述

“盈余公积”账户核算小企业按照公司法规定在税后利润中提取的法定公积金和任意公积金。“盈余公积”账户应当分“法定盈余公积”“任意盈余公积”进行明细核算。

2. “盈余公积”账户的主要账务处理

（1）小企业按照公司法规定提取法定公积金和任意公积金，借记“利润分配——提取法定盈余公积、提取任意盈余公积”账户，贷记“盈余公积——法定盈余公积、任意盈余公积”账户。

（2）用盈余公积弥补亏损或者转增资本，借记“盈余公积”账户，贷记“利润分配——盈余公积补亏”或“实收资本”科目。

（3）“盈余公积”账户期末贷方余额，反映小企业的法定公积金和任意公积金总额。

四、任务实施

【例 2-36】10 日，企业收到方达公司的违约罚款利得 50 000 元转作营业外收入。

分析：该项经济业务使银行存款增加，营业外收入增加，应借记“银行存款”账户，贷记“营业外收入”账户。编制会计分录如下：

借：银行存款　　50 000

　　贷：营业外收入　　50 000

【例 2-37】22 日，企业用银行存款向灾区捐赠 25 000 元。

分析：该项经济业务使银行存款减少，营业外支出增加，应借记“营业外支出”账户，贷记“银行存款”账户。编制会计分录如下：

借：营业外支出　　25 000

　　贷：银行存款　　25 000

【例 2-38】28 日，企业因对外投资收到被投资单位分来的利润 15 000 元，存入银行。

分析：该项经济业务使银行存款增加，投资收益增加，应借记“银行存款”账户，贷记“投资收益”账户。编制会计分录如下：

借：银行存款　　15 000

　　贷：投资收益　　15 000

【例 2-39】31 日，将损益类有关收入账户的余额结转“本年利润”账户，其中：主营业务收入 510 000 元（甲产品 270 000 元，乙产品 240 000 元），其他业务收入 21 000 元，营业外收入 50 000 元，投资收益 15 000 元。

分析：该项经济业务，应借记损益类有关的收入账户，贷记“本年利润”账户。编制会计分录如下：

借：主营业务收入　　510 000

　　其他业务收入　　21 000

　　营业外收入　　50 000

　　投资收益　　15 000

　　贷：本年利润　　596 000

【例 2-40】31 日，将损益类有关费用账户的余额结转“本年利润”账户，其中：主营业务成本 300 000 元（甲产品 144 000 元，乙产品 156 000 元），税金及附加 8 486. 4 元，其他业务成本 19 000 元，销售费用 50 000 元，管理费用 39 150元，财务费用 2 100 元，营业外支出 25 000 元。

分析：该项经济业务，应贷记损益类有关的费用账户，借记“本年利润”账户。编制会计分录如下：

借：本年利润　　443 736.4
　　贷：主营业务成本　　300 000
　　　　其他业务成本　　19 000
　　　　税金及附加　　8 486.4
　　　　销售费用　　50 000
　　　　管理费用　　39150
　　　　财务费用　　2 100
　　　　营业外支出　　25 000

根据上述资料，计算本月实现的利润如下：

营业利润=（510 000+21 000）-（300 000+19 000）
-8 486.4-50 000-39 150-2 100+15 000
=127 263.6 元

利润总额=127 263.6+50 000-25 000=152 263.6 元

【例 2-41】31 日，按本月实现的利润总额 152 263.6 计算并结转应交所得税。

分析：根据资料计算，应交所得税=152 263.6×25%=38 065.9 元。该项经济业务使企业应负担的税费增加，也使企业的应交税费增加，应借记“所得税费用”账户，贷记“应交税费”账户；“所得税费用”账户的余额期末应转入“本年利润”账户，应借记“本年利润”账户，贷记“所得税费用”账户。编制会计分录如下：

借：所得税费用　　38 065.9
　　贷：应交税费——应交所得税　　38 065.9
借：本年利润　　38 065.9
　　贷：所得税费用　　38 065.9

根据以上资料，计算本企业实现的净利润如下：

净利润=利润总额-所得税费用=152 263.6-38 065.9=114 197.7 元

【例 2-42】31 日，年末结转全年实现的净利润 1 000 000 元。

分析：该项经济业务，将“本年利润”账户的全年净利润转入“利润分配”账户，应借记“本年利润”账户，贷记“利润分配”账户。编制会计分录如下：

借：本年利润　　1 000 000
　　贷：利润分配　　1 000 000

【例 2-43】31 日，按全年净利润的 10%提取法定盈余公积 100 000 元。

分析：从利润提取盈余公积，是对实现的利润所做的分配，也使企业的盈余公积增加，应借记“利润分配”账户，贷记“盈余公积”账户。编制会计分录如下：

借：利润分配——提取法定盈余公积　　　100 000

　　贷：盈余公积　　　　　　　　　　　　　100 000

【例 2-44】31 日，经研究决定本年向投资者分配利润 200 000 元。

分析：向投资者分配利润，是对企业实现利润的分配，而尚未支付给投资者的利润，又形成了企业的负债，因此应借记“利润分配”账户，贷记“应付股利”账户。编制会计分录如下：

借：利润分配——应付股利　　　　　　　200 000

　　贷：应付股利　　　　　　　　　　　　　200 000

“应付股利”账户，属于负债类账户，用来核算企业分配的现金股利或利润。贷方登记企业应向投资者支付的现金股利，借方登记已支付的现金股利，期末贷方余额表示尚未支付的现金股利或利润。

【例 2-45】31 日，经批准，将企业盈余公积 150 000 元转增注册资本。

分析：该项经济业务使盈余公积减少，实收资本增加，应借记“盈余公积”账户，贷记“实收资本”账户。编制会计分录如下：

借：盈余公积　　　　　　　　　　　　　150 000

　　贷：实收资本　　　　　　　　　　　　　150 000

项目总结

本项目按照企业经济活动特点划分为筹资、供应、生产、销售和利润及利润形成共五个经济活动过程进行讲解。根据《小企业会计准则》的要求，对实例的每个经济活动过程中的经济业务进行具体的会计处理，进一步明确企业整个经营过程的财务工作特点和企业整体经营效果。

职业技能训练

一、单项选择题

1. 投资者投入的固定资产应按（　　）作为其成本。

A. 历史成本　　B. 公允价值　　C. 原始价值　　D. 折余价值

2. 大华工厂是增值税一般纳税企业，适用的增值税税率为17%，采用实际成本日常核算，2013 年 6 月 18 日，购入甲材料 500 千克，每千克不含税单价为 50 元，发生运杂费3 000元（运杂费不考虑增值税），入库存前发生挑选整理费用 200 元。该批甲材料的入账价值为（　　）元。

A. 25 000　　B. 25 200　　C. 28 200　　D. 32 450

3. 下列不能计入产品成本的有（　　）。

A. 生产产品发生的原材料费用　　B. 行政管理人员的工资费用

C. 车间管理人员的工资费用　　D. 车间生产人员的工资费用

4. 下列业务中，应该计入其他业务成本的是（　　）。

A. 自用无形资产的摊销额　　B. 结转出售原材料的成本

C. 转让无形资产所有权的净损益　　D. 提供劳务的收入

5. 企业取得的罚款收入，应贷记的会计科目是（　　）。

A. 主营业务收入　B. 其他业务收入　C. 偶然利得　　D. 营业外收入

6. 下列各项中，不会引起实收资本增加的是（　　）。

A. 接受现金资产投资　　B. 盈余公积转增资本

C. 资本公积转增资本　　D. 对被投资单位追加现金投资

7. 下列经济业务中，不会引起所有者权益总额变动的是（　　）。

A. 所有者投入货币资金　　B. 所有者向企业投入设备

C. 企业向所有者宣告分配现金股利　　D. 企业以盈余公积转增资本

8. 企业短期借款发生的利息支出，应计入（　　）科目核算。

A. 其他业务支出　B. 管理费用　　C. 财务费用　　D. 营业外支出

9. 某企业属于增值税一般纳税人，购入原材料一批，买价 10 000 元，增值税（进项税）为 1 700 元，发生运杂费 500 元，运输途中合理损耗原材料 300 元，入库后发生整理挑选费 80 元，存储期间发生仓储费 700 元。该批原材料的实际成本为（　　）元。

A. 13 280　　B. 10 500　　C. 11 580　　D. 10 200

10. 用以核算企业经营活动发生的消费税、城市维护建设税、资源税和教育费附加等相关税费的是下列哪个账户（　　）。

A. 生产成本　　B. 税金及附加　　C. 销售费用　　D. 财务费用

二、多项选择题

1. 下列属于企业应进行账务处理的业务的有（　　）。

A. 资金筹集业务　　B. 固定资产业务

C. 销售业务　　D. 利润形成与分配业务

2. 投资者投入的资产可为（　　）。

A. 货币资金　　B. 机器设备　　C. 股票　　D. 专利技术

3. 企业对固定资产计提折旧时，其折旧额应根据不同情况分别计入（　　）。

A. 销售费用　　B. 制造费用

C. 管理费用　　D. 其他业务成本

4. 企业的留存收益包括（　　）。

A. 资本公积　　B. 法定盈余公积　　C. 任意盈余公积　　D. 未分配利润

5. 企业购入材料 9 000 元，以银行存款支付 3 000 元，余额未付，材料已入库。暂时不考虑增值税，这一经济业务涉及的账户有（　　）。

A. 原材料　　B. 应收账款　　C. 应付账款　　D. 银行存款

6. 关于制造费用账户，下列说法正确的是（　　）。

A. 借方归集生产过程中发生的全部间接费用

B. 分配给某个产品的制造费用从贷方转出

C. 本账户期末一定无余额

D. 本账户应按不同的车间、部门设置明细账

7. 从利润中形成的所有者权益包括（　　）。

A. 实收资本　　B. 资本公积　　C. 盈余公积　　D. 未分配利润

8. 以下属于固定资产特征的有（　　）。

A. 为生产商品、提供劳务、出租或经营管理而持有的资产

B. 单位价值在 2 000 元以上的设备

C. 有形资产

D. 使用寿命超过一个会计年度

9. 下列项目中，不属于外购存货成本的是（　　）。

A. 运杂费　　B. 入库前的挑选整理费

C. 一般纳税人增值税　　D. 入库后的保管费用

10. 会计期末，企业应将（　　）转入“本年利润”的借方。

A. “所得税费用”　　B. “营业外收入”

C. “营业外支出”　　D. “其他业务成本”

三、判断题（正确的打“√”，错误的打“×”）

1. 固定资产是指为生产产品、提供劳务、出租或经营管理而持有的、使用期限超过一年、单位价值较高的无形资产。（　　）

2. 收入包括主营业务收入和其他业务收入，不包括营业外收入。（　　）

3. 企业只要将商品所有权上的主要风险和报酬转移给购货方就确认收入。（　　）

4. 主营业务成本具体包括生产成本、主营业务成本和其他业务成本。
（　　）

5. 某企业用现金支付业务招待费 600 元。会计分录应借记“销售费用”600，贷记“库存现金”600。（　　）

6. 某企业用银行存款支付税款滞纳金 34 000 元。会计分录应借记“营业外支出”34 000，贷记“银行存款”34 000。（　　）

7. 长期借款是为了满足生产经营周期资金不足的临时需要。（　　）

8. 企业从工业企业借入的期限在一年（含一年）以下各种借款也通过短期借款来核算。（　　）

9. 企业以经营租赁方式出租固定资产的折旧额计入其他业务成本。
（　　）

10. “营业外支出”账户的期末余额应结转至“本年利润”账户的贷方。
（　　）

四、业务分析题

（一）【资料】红星公司 2020 年 1 月发生下列经济业务：

（1）2 日，向银行申请 5 年的借款 200 000 元，已存入公司银行账户。

（2）6 日，长城公司以厂房一栋向红星公司投资，经评估，厂房价值870 000元。

（3）9 日，用银行存款归还已到期的期限为 6 个月的借款 60 000 元。

（4）14 日，因临时周转需要，向银行申请 3 个月期借款 100 000 元，款项已存入公司银行账户。

（5）17 日，收到龙飞工厂以专利技术向本公司进行的投资，专利凭感觉为 70 000 元。

（6）21 日，收到宏大公司投入资本 200 000 元，款项存入公司银行账户。

（7）29 日，经批准将资本公积 120 000 元转增注册资本。

（8）31 日，用银行存款归还已到期的三年期借款本息共计 215 000 元。

【要求】根据以上经济业务编制会计分录。

（二）【资料】

1. 甲公司某年 3 月发生以下材料购进业务，请编制下列经济业务的会计分录：

（1）3 月 2 日，甲公司从乙公司购入 A 材料一批，价款 10 000 元，增值税款 1 700 元。A 材料已运抵企业并验收入库，款项已用银行存款支付。

（2）3 月 5 日，甲公司从乙公司购入 B 材料一批，价款 20 000 元，增值税款 3 400 元，甲公司已开出商业汇票，B 材料尚未运达企业。

（3）接上，3 月 10 日，甲公司购入的材料已到达企业并验收入库。

（4）3月28日，甲公司从乙公司购入A材料一批已到货，月末账单未到，暂估成本10 000元。

【要求】根据以上经济业务编制会计分录。

2. 甲公司从乙公司购入A材料一批，价款5 000元，增值税税额850元，款项已用银行存款支付。另用银行存款支付运费200元。A材料运达企业，A材料的计划成本为5 000元。

某小企业为一般纳税人，材料按实际成本法计价核算。完成下列经济业务的会计分录：

（1）5日，从本市购入A材料500千克，签发转账支票一张，支付货款及税款共计70 200元，其中买价60 000元、增值税10 200元，材料已验收入库。

（2）8日，从外地购入B材料100千克，收到银行转来结算凭证及发票运单，结算金额总计59 200元，其中买价50 000元、增值税8 500元，运费700元，审核后予以承付，但材料尚未到达。

（3）11日，上述B材料运达并验收入库。

（4）14日，根据购货合同规定，开出转账支票预付C材料购货款70 000元。

（5）20日，收到14日已预付货款的C材料，并已验收入库。增值税发票注明：价款总计70 000元，增值税11 900元。开出转账支票11 900元补付款项。

【要求】根据以上经济业务编制会计分录。

（三）【资料】环宇工厂2020年6月发生下列经济业务：

（1）1日，生产甲产品领用A材料500千克，单价40元，B材料200千克，单价30元。

（2）3日，采购员刘力出差，预借差旅费800元，现金付讫。

（3）4日，生产车间购买办公用品300元，用现金支付。

（4）5日，用银行存款支付下半年报纸杂志订阅费3 000元。

（5）5日，从银行提取现金40 000元。

（6）5日，用现金发放工资40 000元。

（7）9日，用现金支付管理部门办公用品费400元。

（8）12日，采购员刘力出差回来，报销差旅费760元，退回余款40元。

（9）15日，生产甲产品领用A材料200千克，单价40元，C材料600千克，单价15元，生产车间领用C材料300千克，单价15元，管理部门领用D材料300千克，单价10元。

（10）25日，厂办公室李平出差，预借差旅费200元，用现金支付。

（11）29日，李平出差回来，报销差旅费210，超支10元用现金付讫。

（12）30 日，用银行存款支付本季度短期借款利息 900 元。

（13）30 日，用银行存款支付本月水电费 20 000 元，其中生产车间应负担 12 000 元，管理部门应负担 8 000 元。

（14）30 日，结算本月应付职工工资 40 000 元，其中生产甲产品工人工资 25 000 元，车间管理人员工资 6 000 元，企业管理人员工资 9 000 元。

（15）30 日，计提本月固定资产折旧 4 000 元，其中生产车间 2 660 元，管理部门1 340元。

（16）30 日，将本月发生与甲产品有关的制造费用 26 300 元转入生产成本。

（17）30 日，本月生产的 500 件甲产品全部完工入库，结转其生产成本 100 000 元。

【要求】根据以上经济业务编制会计分录。

（四）【资料】红旗工厂 2020 年 7 月发生下列经济业务：

（1）3 日，销售给五环工厂甲产品 100 件，单位售价 400 元，销售增值税 6 800 元，款项已收存银行存款户。

（2）5 日，用银行存款支付产品广告费 1 500 元。

（3）8 日，销售给光明工厂乙产品 200 件，单位售价 300 元，销项增值税 10 200 元，款项暂未收到。

（4）10 日，销售给东风工厂 A 材料 500 千克，单位售价 80 元，销项增值税 6 800 元，款项已收存银行存款户。

（5）15 日，用银行存款支付产品销售发生的运输费 3 000 元。

（6）20 日，销售给长虹工厂甲产品 300 件，单位售价 400 元，销项增值税 20 400 元；乙产品 100 件，单位售价 300 元，销项增值税 5 100 元，款项已收存银行存款户。

（7）21 日，收到光明工厂前欠的乙产品货款 70 200 元，存入银行。

（8）25 日，销售给永胜工厂 B 材料 100 千克，单位售价 50 元，销项增值税 850 元，款项暂未收到。

（9）30 日，收到永胜工厂偿还的 B 材料货款 5 850 元，存入银行存款户。

（10）31 日，结转本月销售甲产品 400 件的生产成本 72 000 元，乙产品 300 件的生产成本 45 000 元。

（11）31 日，结转本月销售 A 材料 500 千克的成本 25 000 元，B 材料 100 千克的成本2 000元。

【要求】根据以上经济业务编制会计分录。

（五）【资料】万达工厂 2019 年 12 月发生下列经济业务：

（1）5 日，用银行存款向灾区捐款 50 000 元。

（2）8 日，用银行存款支付违反有关税收规定罚款 10 000 元。

（3）10 日，将确实无法支付的应付账款 20 000 元转作营业外收入。

（4）20 日，收到联营企业分来的投资利润 50 000 元存入银行。

（5）31 日，结转损益类收入账户的余额，其中主营业务收入 350 000 元，其他业务收入 10 000 元，投资收益 15 000 元，营业外收入 20 000 元。

（6）31 日，结转损益类费用账户的余额，其中主营业务成本 210 000 元，其他业务成本 7 000 元，税金及附加 8 500 元，销售费用 8 000 元，管理费用 34 500元，财务费用 2 000 元，营业外支出 60 000 元。

【要求】根据以上经济业务编制会计分录。

项目3 填制审核原始凭证

项目情景设计

晓莉来到模拟财务室，望着交接到手的现金收据、发票、支票、银行进账单等各类单据，不知如何下手，她一边慢慢整理，一边通过原始凭证了解公司发生的各种经济业务……

项目目标

知识目标：了解原始凭证的内容和种类；掌握原始凭证的填制方法；掌握原始凭证的审核。

能力目标：会填制各种常用的原始凭证；能正确审核各种常用的原始凭证。

素养目标：提升原始凭证的识别水平，培养原始凭证的运用技巧，树立正确的职业观。

项目分析

原始凭证证明了企业实际经济业务的发生和完成情况，填制和审核原始凭证是会计核算工作的起点，也是本项目所要学习的基本技能，本项目为项目 4 记账凭证的学习打下了基础。

任务 1　认识原始凭证

一、任务导入

现金收据、发票、支票、银行进账单等单据形式是怎样的？如果你是晓莉，通过这些单据怎么去识别发生的经济业务？

二、任务分析

初步认识原始凭证，特别是常用的几种原始凭证，明白原始凭证是经济业务发生的有效凭据及原始凭证在会计工作中所处的流程和重要意义，掌握原始凭证的填写和审核。

三、知识百宝箱

（一）什么是原始凭证

会计凭证分为原始凭证和记账凭证。原始凭证也叫单据，是由经办人员在经济业务发生或完成时取得或填制的，证明经济业务的发生或完成情况及明确经济责任的书面凭据，如发票、收据、发料单等。

购销合同、购料申请单等不能证明经济业务发生或完成情况的各种单证不能作为原始凭证并据以记账。

（二）原始凭证的基本内容

原始凭证的种类繁多，格式各异，反映的具体内容也各种各样，但一般都具备以下基本要素：

（1）名称及编号。

（2）填制日期。

（3）接受凭证的单位名称。

（4）经济业务摘要。

（5）经济业务数量、单价、金额。

（6）填制单位和填制人员的签名或盖章。

（三）原始凭证的种类

1. 按照来源不同分类

（1）外来原始凭证，是指在同外单位发生经济往来事项时，从外单位取得的凭证。如发票（图3-1），乘坐飞机和火车的票据，银行收付款通知单以及企业购买商品和材料时，从供货单位取得的发货票等。

（2）自制原始凭证，是指在经济业务事项发生或完成时，由本单位内部经办部门或人员填制的凭证。如收料单、领料单、开工单、成本计算单、出库单（图3-2）等。

2. 按照填制手续及内容不同分类

自制原始凭证按填制手续及内容的不同，又可分为一次凭证、累计凭证、汇总原始凭证和记账编制凭证四类。

（1）一次凭证。一次凭证是指只反映一项经济业务或同时记录若干项同类性质经济业务的原始凭证，其填制手续是一次完成的。如各种外来原始凭证都是一次凭证；企业有关部门领用材料的“领料单”、职工“借款单”（图3-3）。购进材料“入库单”以及根据账簿记录和经济业务的需要而编制的记账凭

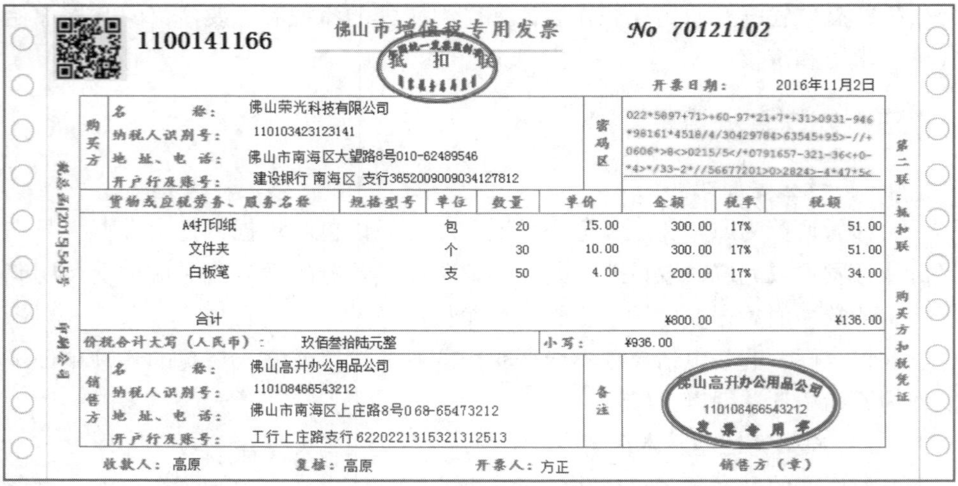
1100141166　　佛山市增值税专用发票　　No 70121102

抵扣联

开票日期：2016年11月2日

购买方	名　　称：佛山荣光科技有限公司 纳税人识别号：110103423123141 地 址、电 话：佛山市南海区大望路8号010-62489546 开户行及账号：建设银行 南海区 支行3652009009034127812				密码区	022*5897+71>+60-97*21+7*+31>0931-946 *98161*4518/4/30429784>63545+95>-//+ 0606*>8<>0215/5</*0791657-321-36<+0- *4>*/33-2*//56677201>0>2824>-4*47+5<	
货物或应税劳务、服务名称	规格型号	单位	数量	单价	金额	税率	税额
A4打印纸		包	20	15.00	300.00	17%	51.00
文件夹		个	30	10.00	300.00	17%	51.00
白板笔		支	50	4.00	200.00	17%	34.00
合计					¥800.00		¥136.00
价税合计大写（人民币）：玖佰叁拾陆元整				小写：¥936.00			
销售方	名　　称：佛山高升办公用品公司 纳税人识别号：110108466543212 地 址、电 话：佛山市南海区上庄路8号068-65473212 开户行及账号：工行上庄路支行6220221315321312513				备注	佛山高升办公用品公司 110108466543212 发票专用章	

收款人：高原　　复核：高原　　开票人：方正　　销售方（章）

第二联：抵扣联 购买方扣税凭证

税总函[2015]545号

图 3-1

证，如“材料费用分配表”等都是一次凭证。

产品出库单

第 001 号

2020 年 9 月 9 日　　　　仓库：成品库

编号	名称	规格	单位	数量	单价	金额	用途或原因
101	打印机			800	300	240 000	销售
合　计				800		240 000	

第三联　记账联

仓库主管：李强　　保管员：张炜

图 3-2

（2）累计凭证。累计凭证是指在一定时期内（一般以一月为限）连续发生的同类经济业务的自制原始凭证，其填制手续是随着经济业务事项的发生而分次进行的。如“限额领料单”就是累计凭证（图 3-4）。

丙式-107　12*21厘米（通）

借　款　单

资金性质 内部借款　　　　2020 年 6 月 6 日

付款单位：销售部		
借款理由：出差参加营销会		
借款数额：人民币（大写）捌佰元正　　¥ 800.00		
本单位负责人意见 同意借款	借款人（签章） 张红	
领导批示：李牛	会计主管人员核批：张军	付款记录：2017年6月6日以第　号 支票或现金支出凭单付给 张红

现金付讫

图 3-3

限额领料单

领料部门：生产车间　　　　发料仓库：1号

用　　途：A 产品生产　　2020 年 7 月 6 日　　编　　号：009

材料类别	材料编号	材料名称及规格		计量单位		领料限额	实际领用	单价	金额	备注
型钢	0356	圆钢 10		千克		300	200	5.00	1 000	
日期	请领		实发			限额结余		退库		
	数量	签章	数量	发料人	领料人			数量	退库单	
2月5日	100		100	罗立	王文	200				
2月7日	50		50	罗立	王文	150				
2月9日	50		50	罗立	王文	100				
合计	200		200							

供应部门负责人：李炜　　生产计划部门负责人：张中　　仓库负责人签章：刘三

图 3-4

（3）汇总原始凭证。汇总原始凭证是指根据一定时期内反映相同经济业务的多张原始凭证，汇总编制而成的自制原始凭证，以集中反映某项经济业务总括发生情况。汇总原始凭证既可以简化会计核算工作，又便于进行经济业务的分析比较。如“工资汇总表”“现金收入汇总表”“发料凭证汇总表”（图3–5）等都是汇总原始凭证。

发料凭证汇总表

2020年6月　　　　单位：元

材料类别 / 材料用途	原材料						包装物	合计
	原料和主要材料	外购半成品	辅助材料	修理用备件	燃料	小计		
甲产品生产用户	468 000	56 000	6 000			530 000	2 500	532 500
基本生产车间管理用	5 100		1 300	1 100		7 500		7 500
辅助生产用			500	300	5 000	5 800		5 800
企业行政管理用	3 000		200			3 200		3 200
合计	476 100	56 000	8 000	1 400	5 000	546 500	2 500	549 000

图3–5

（4）记账编制凭证。记账编制凭证是根据账簿记录和经济业务的需要把某一项经济业务加以归类、整理而重新编制的一种自制原始凭证，如计算产品成本时，编制的“制造费用分配表”等。

任务2　填制审核原始凭证

一、任务导入

原来原始凭证也有这么多种类型，晓莉也想学习一下怎么填制原始凭证。另外，手上拿到的原始凭证，应该怎样进行审核呢？

二、任务分析

填制和审核原始凭证是会计核算工作的起点，是会计人员所要学习的基本技能。

三、知识百宝箱

（一）原始凭证的填制要求

由于原始凭证的种类不同，其具体填制方法和填制要求也不尽一致，但就原始凭证反映经济业务、明确经济责任而言，原始凭证的填制有其一般要求。为了确保会计核算资料的真实、正确并及时反映，应按下列要求填制原始凭证：

（1）真实和正确。原始凭证中应填写的项目和内容必须真实、正确地反映经济业务的原貌。无论日期、内容、数量和金额都必须如实填写，不能以估算和匡算的数字填写，更不能弄虚作假，改变事实的真相。

（2）完整和清楚。原始凭证中规定的项目都必须填写齐全，不能缺漏。文字说明和数字要填写清楚、整齐和规范，凭证填写的手续必须完备。

（3）书写格式要规范。原始凭证要用蓝色或黑色笔书写，字迹清楚、规范，填写支票必须使用碳素笔，属于需要套写的凭证，必须一次套写清楚，合计的小写金额前应加注币值符号，如“¥”等。大写金额有分的，后面不加整字，其余一律在末尾加“整”字，大写金额前还应加注币值单位，注明“人民币”“美元”“港币”等字样，且币值单位与金额数字之间，以及各金额数字之间不得留有空隙。各种凭证不得随意涂改、刮擦、挖补，若填写错误，应采用规定方法予以更正。对于重要的原始凭证，如支票以及各种结算凭证，一律不得涂改。对于预先印有编号的各种凭证，在填写出现错误后，要加盖“作废”戳记，并单独保管。

阿拉伯数字应一个一个地写，不得连笔写。阿拉伯金额数字前面应写人民币符号“¥”。人民币符号“¥”与阿拉伯金额数字之间不得留有空白。凡阿拉伯数字前写有人民币符号“¥”的，数字后面不再写“元”字。所有以元为单位的阿拉伯数字，除表示单价等情况外，一律填写到角分。无角分的，角位和分位可写“00”或符号“-”；有角无分的，分位应写“0”，不得用符号“-”代替。

汉字大写金额数字，一律用正楷字或行书字书写，如壹、贰、叁、肆、伍、陆、柒、捌、玖、拾、佰、仟、万，不得用一、二（两）、三、四、五、六、七、八、九、十、毛、另（或0）等字样代替，不得任意自造简化字。

阿拉伯金额数字中间有“0”时，汉字大写金额要写“零”字，如¥201.50，汉字大写金额应写成人民币贰佰零壹圆伍角整。阿拉伯金额数字中间连续有几个“0”时，汉字大写金额中可以只写一个“零”字，如¥10 005.68，汉字大写金额应写成人民币壹万零伍圆陆角捌分。阿拉伯金额数字元位是“0”或数字中间连续有几个“0”，元位也是“0”，但角位不是“0”时，汉字大写金额可只写一个“零”字，也可不写“零”字，如￥120.64，汉字大写金额应写成人民币壹佰贰拾圆零陆角肆分，或人民币壹佰贰拾圆陆角肆分。

（4）有经办人员和有关责任人员的签章。原始凭证在填制完成后，经办人员和有关责任人员都要认真审核并签章，对凭证的真实性、合法性负责。对于一些重大的经济业务，还应经过本企业负责人签章，以示批准的职权。

（5）及时填制。原始凭证应在经济业务发生或完成时及时填制，并按规定的程序和手续传递至有关业务部门和会计部门，以便及时办理后续业务，并进行审核和记账。

（二）原始凭证的审核

原始凭证审核是按照规定对原始凭证进行的审查与核实。会计人员要对自制的或外来的原始凭证进行审核。通过审核原始凭证，检查执行国家的方针、政策、法规和制度的情况，加强资金管理，保证核算正确，同违法乱纪现象做斗争，保护企业财产。

对原始凭证审核的内容包括：

（1）审核凭证的完整性。审核凭证基本构成要素是否齐全。

（2）审核凭证的真实性。审核凭证的基本内容是否真实和正确。

（3）审核凭证的合法性。审核经济业务的发生和完成，是否符合国家的方针、政策、法规和制度。

（4）审核凭证的合理性。根据国家的方针、法规和制度，从经营和管理的具体情况出发，按照厉行节约、反对浪费、提高经济效益的原则审核经济业务发生或完成是否合理。原始凭证经过审核，对于符合要求的原始凭证，应按照规定及时办理会计手续；对业务真实但手续不完备的原始凭证，要退回经办人员补办手续；对不合法和不合理的原始凭证，会计人员有权拒绝接收，不予办理会计手续，如情节严重，应向领导和有关部门反映及时处理。

（5）审核凭证的正确性。审核凭证上填列的数字和内容是否正确，计算是否准确。

项目总结

本项目对原始凭证的概念、内容和分类进行了描述，对原始凭证的填制和审核做了详细的分析，填制和审核原始凭证是会计核算工作的起点，我们要熟悉原始凭证的内容，更要掌握填制原始凭证的技能，才能做好其他会计工作。

职业技能训练

一、单项选择题

1. 根据连续反映某一时期、不断重复发生而分次进行的特定业务，编制的原始凭证称为（　　）。

A. 一次凭证　　B. 累计凭证

C. 记账编制凭证　　D. 汇总原始凭证

2. 下列各项中，属于自制原始凭证的是（　　）。

A. 产品入库单　B. 银行结算凭证　C. 购货收据　D. 车船票

3. 用来作为编制会计分录依据的是（　　）。

A. 原始凭证　B. 一次凭证　C. 记账凭证　D. 累计凭证

4. 下列不能作为会计核算的原始凭证的是（　　）。

A. 发货票　B. 合同书　C. 入库单　D. 领料单

5. 在审核原始凭证时，对于内容不完整、填制有错误或手续不完备的原始凭证，应当（　　）。

A. 拒绝办理，并向本单位负责人报告

B. 予以抵制，对经办人员进行批评

C. 由会计人员重新填制或予以更正

D. 予以退回，要求更正、补充，以至重新填制

6. 会计机构和会计人员对真实、合法、合理但内容不准确、不完整的原始凭证，应当（　　）。

A. 不予受理　　B. 予以受理

C. 予以纠正　　D. 予以退回，要求更正、补充

二、多项选择题

1. 原始凭证的基本内容包括（　　）。

A. 原始凭证名称　　B. 接受原始凭证的单位名称

C. 经济业务的性质　　D. 凭证附件

2. 下列属于外来原始凭证的有（　　）。

A. 本单位开具的销售发票　　B. 供货单位开具的发票

C. 职工出差取得的飞机票和火车票　　D. 银行收付款通知单

3. 原始凭证按填制手续及内容不同，可分为（　　）。

A. 一次凭证　B. 累计凭证　C. 记账凭证　D. 限额领料单

4. 填制原始凭证时，符合书写要求的有（　　）。

A. 阿拉伯金额数字前面应当书写货币币种符号

B. 币种符号与阿拉伯金额数字之间不得留有空白

C. 大写金额有分的，分字后面要写“整”或“正”字

D. 汉字大写金额可以用简化字代替

5. 限额领料单同时属于（　　）。

A. 自制原始凭证　B. 累计原始凭证　C. 汇总原始凭证　D. 记账凭证

6. 原始凭证的合法性审核的内容包括（　　）。

A. 是否符合国家有关政策、法规和制度等规定

B. 是否符合规定的审核权限

C. 是否符合规定的审核程序

D. 有无财务主管核准签章

三、判断题（正确的打“√”，错误的打“×”）

1. 原始凭证是会计核算的原始资料和重要依据，是登记会计账簿的直接依据。（　　）

2. 在证明经济业务发生，据以编制记账凭证的作用方面，自制原始凭证与外来原始凭证具有同等效力。（　　）

3. 对不真实、不合法的原始凭证，会计人员有权不予接收，对记载不准确、不完整的原始凭证，会计人员有权要求其重填。（　　）

4. 从外单位取得的原始凭证，可以没有公章，但必须有经办人员的签名或盖章。（　　）

5. 原始凭证所有大写金额到元、角或分为止的，后面要写“整”或“正”。（　　）

6. 每项经济业务的发生都必须从外部取得原始凭证。（　　）

四、业务分析题

1. 2019 年 12 月 2 日，采购员李平预借差旅费 5 000 元，以现金支付。

要求：根据业务资料填写借款单。

借款单

______年____月____日

<table>
<tr><td colspan="3">借款单位：</td></tr>
<tr><td colspan="3">借款理由：</td></tr>
<tr><td colspan="3">借款数额：人民币（大写）　　　　　　¥__________</td></tr>
<tr><td colspan="3">本单位负责人：　　　　　　　　　　借款人：</td></tr>
<tr><td>会计主管：</td><td>付款方式：</td><td>出纳：</td></tr>
</table>

2. 2019 年 12 月 28 日，采购员李平出差回来，报销差旅费 4 500 元，退回现金 500 元。

要求：根据业务资料开出收据。

收　据

______年____月____　　　　N0081689

今收到____

交来____

人民币（大写）____________________¥_______________

收款单位

公　章　　　　　　收款人：__________　　交款人：__________

第二联　记账凭证

项目4 编制审核记账凭证

项目情景设计

晓莉学习会计基础有一段时间了，了解了企业关键业务的会计核算，认识和学会了填制审核原始凭证，她接下来该做什么工作呢？什么是记账凭证？怎样填制记账凭证？科目汇总表有什么作用？怎样填制科目汇总表？带着这些问题，晓莉决定好好学习这一章，解开心中的疑惑。

项目目标

知识目标：能说出记账凭证的概念和种类；能说出科目汇总表的定义、作用。

能力目标：能熟练地填制和审核记账凭证；会编制科目汇总表。

素养目标：养成诚实守信的职业品质；逐步培养会计的职业判断能力。

项目分析

编制记账凭证是会计核算工作的重要内容与环节，也是学习会计基础的重要组成部分。晓莉前面学习了企业关键业务的会计核算，掌握了原始凭证的填制方法，但这些资料都不能直接登记账簿，请问晓莉要根据什么来登记账簿，根据什么来登记总账呢？

任务1　认识记账凭证

一、任务导入

晓莉应聘了学校阳光超市的会计实习生的工作，师姐叫她帮忙处理超市里发生的经济业务，根据有关原始凭证编制记账凭证。晓莉一看，有收款凭证、付款凭证、转账凭证、记账凭证，晓莉心里就纳闷了：“到底我该选择哪款凭证合适啊？”

二、任务分析

晓莉要选择适合自身企业需要的记账凭证，首先要对记账凭证有初步的认识，要清楚地判断出收款凭证、付款凭证、转账凭证、通用记账凭证的具体使用范围，这样才可以帮阳光超市选择合适的记账凭证。

三、知识百宝箱

（一）什么是记账凭证

记账凭证是由企业财会部门根据已审核的原始凭证填制的，载有会计分录并作为记账依据的书面文件。

记账凭证与原始凭证有何区别？

在企业的经营活动中，用各种各样的单据来记录经济业务发生和完成情况，会计人员将这些经济业务归类，采用专门的凭证来记录，这些单据和凭证统称为会计凭证。

会计凭证按其填制程序和用途不同，分为原始凭证和记账凭证两大类。

我们已在项目3认识了原始凭证。记账凭证与原始凭证的主要区别如表4-1所示。

表4-1　　记账凭证与原始凭证的主要区别

区别项目	原始凭证	记账凭证
概念	记录和证明经济业务发生和完成情况、明确经济责任、具有法律效力的书面证明，是填制记账凭证的依据	企业财会部门根据已审核的原始凭证填制的，载有会计分录并作为记账依据的书面文件
填制人员	一般由经办人员填制或取得	一律由财会人员填制
填制依据	经济业务发生或完成的客观事实	审核无误的原始凭证或原始凭证汇总表
作用	审核无误的原始凭证或原始凭证汇总表填制记账凭证	根据审核无误的会计凭证登记账簿

（二）记账凭证的种类

记账凭证按照其记录反映的经济业务内容的不同，可以分为专用记账凭证和通用记账凭证。专用记账凭证可以分为收款凭证、付款凭证和转账凭证三种。通用记账凭证只有一种，称为记账凭证。

1. 专用记账凭证

小提示：收款凭证一般是红色，付款凭证一般是黑色，转账凭证和通用记账凭证一般为绿色。

（1）收款凭证。收款凭证是指专门用来记载库存现金、银行存款收款业务的会计凭证。它根据有关库存现金和银行存款收入业务的原始凭证填制，是登记库存现金和银行存款日记账及有关明细账的依据，也是出纳员支付款项的证明，如表 4–2 所示。

表4–2　　收款凭证

借方科目：银行存款　　2020年3月15日　　银收字第08号

摘要	贷方科目		金额											记账
	总账科目	明细科目	亿	千	百	十	万	千	百	十	元	角	分	
收回应收货款	应收账款	雄民食品厂					2	5	0	0	0	0	0	
附件 壹 张						¥	2	5	0	0	0	0	0	

会计主管　　记账　　出纳　张勇　　审核　　制单　江红

（2）付款凭证。付款凭证是指专门用来记载银行存款和库存现金付款业务的会计凭证。它根据有关库存现金和银行存款支付业务的原始凭证填制，是登记库存现金和银行存款日记账及有关明细账的依据，也是出纳员支付款项的证明，如表 4–3 所示。

（3）转账凭证。转账凭证是指专门用来记载不涉及库存现金及银行存款收付的其他各项经济业务的记账凭证。它是根据有关转账业务的原始凭证填制的，是登记总分类账和明细分类账的依据，如表 4–4 所示。

2. 通用记账凭证

通用记账凭证，不再区分收款、付款及转账业务，而将所有经济业务统一编号，在同一格式的凭证中进行记录。这种凭证既可反映收付款业务，又可用于反映转账业务，其格式与转账凭证基本相同，如表 4–5 所示。

（三）如何选择记账凭证

各企业可根据规模的大小、业务量的多少，选择使用专用记账凭证或通用记账凭证。

表4–3 **付款凭证**

贷方科目：库存现金　　　　2020年3月15日　　　　字第05号

摘要	借方科目		金额											记账
	总账科目	明细科目	亿	千	百	十	万	千	百	十	元	角	分	
购买办公用品	管理费用	办公费					2	5	0	0	0	0	0	
附件 壹 张						¥	2	5	0	0	0	0	0	

会计主管　　记账　　出纳　张勇　　审核　　制单　江红

表4–4 **转账凭证**

2020年3月15日　　　　转字第25号

摘　要	总账科目	明细科目	借方金额											贷方金额											记账
			亿	千	百	十	万	千	百	十	元	角	分	亿	千	百	十	万	千	百	十	元	角	分	√
计提折旧费	制造费用	折旧费					2	0	0	0	0	0	0												
	管理费用	折旧费						6	0	0	0	0	0												
	累计折旧																	2	6	0	0	0	0	0	
附件 壹 张	合　计					¥	2	6	0	0	0	0	0				¥	2	6	0	0	0	0	0	

会计主管　　记账　　出纳　张勇　　审核　　制单　李莉

一般规模小、业务量少的企业，为了简化会计核算工作，可以使用统一格式的通用记账凭证。实行电算化的企业均采用通用记账凭证。

表4-5　　　　　　　　　　　　　　**记账凭证**

2020年3月15日　　　　　　　　　　转字第21号

摘　要	总账科目	明细科目	借方金额											贷方金额											记账
			亿	千	百	十	万	千	百	十	元	角	分	亿	千	百	十	万	千	百	十	元	角	分	√
回收销货款	银行存款						2	6	0	0	0	0	0												
	应收账款	佛山华丰厂																2	6	0	0	0	0	0	
附件壹张	合　　计					¥	2	6	0	0	0	0	0				¥	2	6	0	0	0	0	0	

会计主管　　　　记账　　　　出纳　张勇　　　　审核　　　　制单　李莉

任务2　编制记账凭证

一、任务导入

在现实生活中，我们经常听到“会计”这两个字，差不多每个单位也都有会计。会计晓莉帮阳光超市选择了通用记账凭证进行经济业务的账务处理，师姐让她根据超市发生的经济业务和相关原始单据填制记账凭证，晓莉带着好奇心“如何正确地填制记账凭证？”翻开了课本。

二、任务分析

如何才能正确填制记账凭证？首先要了解记账凭证的内容和每一项目的具体填写要求，同时还要正确填写会计分录（会计科目、方向、金额），只有填制正确的记账凭证，才能保证账簿登记的正确性。

三、知识百宝箱

（一）记账凭证的内容

记账凭证的基本内容包括：①记账凭证的名称；②记账凭证的填制日期；③记账凭证的编号；④经济业务的摘要；⑤经济业务所涉及的对应账户；⑥经

济业务的金额；⑦记账凭证所附原始凭证的张数；⑧有关人员的签名或盖章；⑨登记账簿的标记。

（二）编制记账凭证

1. 如何填写记账凭证的日期和编号

（1）记账凭证日期。按填制记账凭证日期填写。

（2）记账凭证编号。记账凭证必须按月连续编号，以便于记账、查账，防止散落、丢失。

第一种，是将全部记账凭证统一编号，分月按自然数1、2、3……的顺序连续编号，不得跳号、重号，以便于记账、查账，防止散落、丢失。即从本月第一笔经济业务发生后填制的记账凭证“第01号”开始，至本月最后一张记账凭证第×号为止。

第二种，分别按库存现金和银行存款收入、库存现金和银行存款付出、转账业务三类进行编号，这样记账凭证的编号应分为收字第×号、付字第×号、转字第×号。

一笔经济业务需要填制两张或两张以上记账凭证的，可以采用分数编号法，即在原顺序编号后面，以分数形式表示该笔经济业务所填制的记账凭证的张数及该张的顺序号。如第5笔经济业务发生后，根据原始凭证需要填制两张记账凭证，按顺序，该项经济业务的记账编号为5，所需填制两张记账凭证的编号分别为：第一张为第05 1/2号、第二张为05 2/2号。月末，在最后一张记账凭证的编号旁边，注明“全”，表示本月填制的记账凭证到此全部结束。

2. 如何填写记账凭证的摘要、会计科目和金额

（1）填写摘要。摘录主要内容，简明扼要，如实概括经济业务的要点，一般要求说明该项经济业务的行为及对象，如：“提现备用”“采购材料，已入库”“销售产品，尚未收款”等。

（2）填写会计科目。根据原始凭证判断经济业务的实质，正确填写所涉及的会计科目（包括总账科目、明细科目），会计科目应写全称，不得简写，也不得用会计科目的编号代替。

（3）填写金额栏数字。记账凭证的金额必须与原始凭证的金额相符，阿拉伯数字书写要规范，行次、栏次的内容要对应明确，金额数字要填写至“分”位，如果“角”位、“分”位没有数字，要写“00”字样，如567.00元；如果“角”位有数字，“分”位没有数字，则要在“分”位上写“0”字样，如258.80元。

每一项经济业务填入金额数字后，要在记账凭证合计行上填写合计金额，

并在合计金额前标明人民币符号“¥”。

3. 如何注销记账凭证中空行及注明原始凭证的附件张数

记账凭证填制经济业务事项后，如有空行，应当自金额栏最后一笔金额数字下的空行处至合计数上的空行处从右上角向左下角画斜线注销。

小提示：要注意斜线两端都不能画到金额数字的行次上。

在记账凭证上，必须注明所附原始凭证的张数，并将有关原始凭证整理后，粘贴在该记账凭证后面，表明一项经济业务发生后所涉及的、填制的全部原始凭证。除结账、更正错账的记账凭证可不附原始凭证外，其他记账凭证必须附有原始凭证。记账凭证附件张数应用阿拉伯数字填写。一般以所附原始凭证的自然张数为准。

若原始凭证较多，且编制了原始凭证汇总表的，将原始凭证另行装订，原始凭证汇总表附在记账凭证后，附件为原始凭证汇总表的张数。

4. 记账凭证的签章

记账凭证填制完毕后，填制人员应签章，以明确经济责任。填制人员签章后，按照规定手续交由审核人员进行审核，其后交记账人员登记入账。对记账凭证的每一位经手人员，都要求签章，以利于加强内部的检查、监督。

（三）记账凭证填制的方法

填写收款凭证、付款凭证、转账凭证与记账凭证的日期、摘要、会计科目、金额、附件、签章及其他规范的要求是相同的，其主要的区别如表 4-6 所示。

表 4-6　　各种记账凭证填写的区别

区别项目	通用记账凭证	专用记账凭证		
		收款凭证	付款凭证	转账凭证
填制的依据	所有审核无误的原始凭证或原始凭证汇总表	根据有关反映库存现金和银行存款收款业务的原始凭证填制	根据有关反映库存现金和银行存款付款业务的原始凭证填制	根据有关除库存现金及银行存款收付业务以外的转账类经济业务的原始凭证填制
填写凭证的编号	所有记账凭证作为一类统一编号，如：“记字第×号”	按收款凭证的填制顺序填写，如“收字第 001 号”，依次类推，自成系统顺延编号，按月编制，注意不要错号、重号、漏号	按付款凭证的填制顺序填写，如“付字第 001 号”，依次类推，自成系统顺延编号，按月编制，注意不要错号、重号、漏号	按转账业务的顺序填写，如“转字第 001 号”，依次类推，自成系统顺延编号，按月编制，注意不要错号、重号、漏号

续表

区别项目	通用记账凭证	专用记账凭证		
		收款凭证	付款凭证	转账凭证
凭证的结构	借贷方科目均在记账凭证表内	收款凭证的左上方是“借方科目”，应填写“库存现金”或“银行存款”，贷方科目在凭证表内	付款凭证的左上方是“贷方科目”，应填写“库存现金”或“银行存款”，借方科目在凭证表内	借贷方科目均在记账凭证表内

记账凭证填制的步骤归纳如下：

①审核原始凭证上的内容；

②填写记账凭证的日期；

③填写记账凭证的编号；

④填写记账凭证的内容摘要；

⑤填写会计科目；

⑥填写金额栏数字；

⑦注销记账凭证中空行；

⑧注明所附原始凭证的件（张）数；

⑨制证人签章。

（四）审核记账凭证

1. 记账凭证由谁审核

根据内部控制规范制度的规定，编制记账凭证与审核记账凭证的工作不能由同一人完成，应指定专人负责审核。

2. 如何对记账凭证进行审核

审核人员应审核记账凭证的内容如表4-7所示。

表4-7　记账凭证审核主要内容

审核项目	具体内容及要求
内容是否真实	审核记账凭证是否以原始凭证为依据，所附原始凭证的内容、金额与记账凭证的内容、金额是否一致。除规定的几种特殊情况外，没有附原始凭证的记账凭证无效，不能作为登记账簿的依据
项目是否齐全	审核记账凭证各项目的填写是否齐全、完整，有关经办人员是否按照规定的手续和程序在记账凭证上签章

续表

审核项目	具体内容及要求
记录是否正确（含科目、金额是否正确）	审核记账凭证中使用的会计科目是否正确，会计科目之间的对应关系是否清楚，借方金额与贷方金额的计算是否准确无误，两者的合计是否相等，总账科目的金额与其所属明细科目的金额之和是否相等
书写是否规范	审核记账凭证的记录是否文字工整、数字清晰、书写规范，是否按规定的方法进行错误更正
手续是否完备	出纳人员在办理收款或付款业务后，应在凭证上加盖“收讫”或“付讫”戳记，以免重收重付

在审核记账凭证的过程中，如果发现未入账的记账凭证有错误，应重新填制；已入账的记账凭证有错误，应按规定的更正错误的方法予以更正。只有审核无误的记账凭证才能作为登记账簿的依据。

任务3　编制科目汇总表

一、任务导入

晓莉把5月份的记账凭证都填制完成了，也登记了明细账，师姐叫她编制一张“科目汇总表”，据以登记总账。晓莉心里想：“如何编制科目汇总表?”

二、任务分析

在科目汇总表核算程序下，需定期根据记账凭证编制科目汇总表作为登记总分类账的依据，使登记总账的工作量大大减少，并可利用科目汇总表进行发生额试算平衡。

三、知识百宝箱

（一）什么是科目汇总表

科目汇总表是根据一定时期内的全部记账凭证按总账科目进行汇总，据以计算出每一总账科目的本期借方发生额合计和贷方发生额合计，作为登记总分类账依据的凭证。

（二）何时编制科目汇总表

科目汇总表编制的时间应由企业根据自身业务量的大小确定，一般可5天、10天、15天汇总一次或者1个月汇总一次。

（三）科目汇总表有什么作用

编制科目汇总表的作用主要体现在以下两个方面：

（1）检查所编制的记账凭证是否基本正确。所编制的科目汇总表全部总账科目借方发生额合计数等于贷方发生额合计数，说明所编制的记账凭证基本正确。但对不影响发生额借贷方平衡关系的错误，如整笔经济业务漏记、重记，分录的记账方向相反、会计科目用错等，就不能通过试算平衡发现。

（2）在采用科目汇总表的账务处理程序下，科目汇总表是登记总分类账簿的依据。

（四）如何编制科目汇总表

编制科目汇总表，是将一定时期内的全部记账凭证，按总账科目名称分类，逐一分别汇总出每一总账科目的本期借方发生额合计和本期贷方发生额合计，填写在科目汇总表相应栏内，然后依据借贷记账法的“有借必有贷，借贷必相等”的规则，检查全部总账科目的借方发生额合计数是否等于全部总账科目的贷方发生额合计数。

【例 4-1】佛山市天好制造有限公司采取科目汇总表的账务处理程序进行核算，科目汇总表按 1 个月汇总一次，编制 1 月份科目汇总表，如表 4-8 所示。

根据编制的科目汇总表登记总分类账（以银行存款和应付账款账户为例），如表 4-9 和表 4-10 所示。

表 4-8　　科目汇总表

编号：汇字第 1 号　　2020 年 1 月 1 日至 31 日　　凭证　　号至　号共　张

科目名称	本期发生额																							
	借方发生额											√	贷方发生额											√
	亿	千	百	十	万	千	百	十	元	角	分		亿	千	百	十	万	千	百	十	元	角	分	
库存现金																		2	2	7	0	0	0	
银行存款			2	0	2	9	7	0	0	0						1	1	9	4	2	8	6	9	
应付账款				4	8	8	0	0	0	0						1	2	1	2	4	9	8	0	
预付账款				1	0	0	0	0	0	0														
预收账款			1	0	8	8	1	0	0	0						1	0	0	0	0	0	0	0	
原材料				9	9	7	7	9	0	0														
应交税费				7	2	8	2	4	4	9							3	6	3	7	8	7	5	

续表

科目名称	本期发生额																							
	借方发生额											√	贷方发生额											√
	亿	千	百	十	万	千	百	十	元	角	分		亿	千	百	十	万	千	百	十	元	角	分	
应收账款				7	9	5	6	0	0	0							5	0	0	0	0	0	0	
财务费用							1	5	0	0														
其他应付款																		5	0	0	0	0	0	
税金及附加					2	0	3	8	7	5														
制造费用						8	0	0	0	0														
生产成本					8	1	6	0	0	0														
管理费用					3	0	7	0	0	0														
主营业务收入																2	0	2	0	0	0	0	0	
其他应收款					2	0	0	0	0	0								2	0	0	0	0	0	
合计			6	3	8	8	2	7	2	4						6	3	8	8	2	7	2	4	

会计主管　　　　　　记账　　　　　　审核　　　　　　制表

表 4-9　　　　　　　　　　**总　　账**

总页码	
本户页次	

会计科目名称及编号　银行存款

2020年		凭证编号	摘要	借方											贷方											借或贷	余额										
月	日			亿	千	百	十	万	千	百	十	元	角	分	亿	千	百	十	万	千	百	十	元	角	分		亿	千	百	十	万	千	百	十	元	角	分
1	1		期初余额																							借				7	5	3	6	8	0	0	0
	31	汇1	1-31日汇总				2	0	2	9	7	0	0	0				1	1	9	4	2	8	6	9	借				8	3	7	2	2	1	3	1
			本月合计				2	0	2	9	7	0	0	0				1	1	9	4	2	8	6	9	借				8	3	7	2	2	1	3	1

表 4-10　　　　　　　　　　**总　账**

总页码	
本户页次	

会计科目名称及编号　　应付账款

2020 年		凭证编号	摘要	借方											贷方											借或贷	余额										
月	日			亿	千	百	十	万	千	百	十	元	角	分	亿	千	百	十	万	千	百	十	元	角	分		亿	千	百	十	万	千	百	十	元	角	分
1	1		期初余额																							贷					8	7	8	8	0	0	0
	31	汇 1	1-31 日汇总					4	8	8	0	0	0	0				1	2	1	2	4	9	8	0					1	6	0	3	2	9	8	0
			本月合计					4	8	8	0	0	0	0				1	2	1	2	4	9	8	0					1	6	0	3	2	9	8	0

项目总结

记账凭证是根据审核无误的原始凭证或原始凭证汇总表填制的，填制和审核记账凭证是会计核算工作的重要内容，也是会计实务中的重要技能，记账凭证是登记账簿的依据；科目汇总表是作为登记总分类账依据的凭证。本项目为项目 5 建立和登记会计账簿的学习打下基础。

职业技能训练

一、单项选择题

1. 下列既可以作为登记总账依据，又可以作为登记明细账依据的是（　　）。

A. 记账凭证　　　　B. 汇总记账凭证

C. 原始凭证　　　　D. 汇总原始凭证

2. 下列经济业务中，应填制转账凭证的是（　　）。

A. 用银行存款偿还短期借款　　　　B. 收回应收账款

C. 用库存现金支付工资　　　　D. 生产领用原材料

3. 下列各项中，（　　）作为转账凭证的编制基础。

A. 库存现金收支业务　　　　B. 银行存款转账业务

C. 不涉及货币资金收支的业务　　D. 期末的结账业务

4. 记账凭证的填制是由（　　）进行的。

A. 出纳人员　　B. 会计人员　　C. 经办人员　　D. 主管人员

5. 使用专用凭证的企业涉及库存现金和银行存款之间相互划转的经济业务，为了避免重复记账，（　　）。

A. 只填收款凭证　　B. 只填付款凭证

C. 填一张收款凭证，填一张付款凭证　D. 只填转账凭证

6. 下列对转账业务的表述中，正确的是（　　）。

A. 转账业务不是会计所反映的内容

B. 转账业务是直接引起库存现金或银行存款减少的业务

C. 转账业务是直接引起库存现金或银行存款增加的业务

D. 转账业务是指与货币资金收付无关的业务

7. 企业购进原材料 3 000 元，款未付。这笔经济业务应该编制的记账凭证是（　　）。

A. 收款凭证　　B. 付款凭证　　C. 转账凭证　　D. 以上均可

8. 某单位财务部第 8 号记账凭证的会计事项需要填制 3 张记账凭证，下列编号中，正确的是（　　）。

A. 8，9，10　　B. 7，8，9

C. 8 1/3，8 2/3，8 3/3　　D. 1/3，2/3，3/3

9. 下列内容中，（　　）不属于记账凭证的审核内容。

A. 凭证是否符合有关的计划和预算

B. 会计科目使用是否正确

C. 凭证的金额与所附原始凭证的金额是否一致

D. 凭证的内容与所附原始凭证的内容是否一致

10. 下列关于填制记账凭证时对错误的处理方法的表述中，正确的是（　　）。

A. 重新填制记账凭证

B. 更正并加盖章

C. 更正，加盖更正人员的印章

D. 更正并加盖更正人员的印章和公章

11. 下列各项中，（　　）应作为购进材料未付款业务编制的记账凭证。

A. 收款凭证　　B. 付款凭证　　C. 转账凭证　　D. 以上均可

12. 根据统一原始凭证编制几张记账凭证，下列做法中，正确的是（　　）。

A. 编制原始凭证分割单

B. 采用分数编号的方法

C. 不必做任何说明

D. 在未附原始凭证的记账凭证上注明其原始凭证在哪张记账凭证下

13. 下列业务中，(　　) 应编制付款凭证。

A. 收回前欠货款 30 000 元

B. 购入材料 10 000 元，货款未付

C. 以银行存款归还前欠货款 50 000 元

D. 接受投资者投入 280 000 元

14. 下列业务中，(　　) 应当编制收款凭证。

A. 购买原材料用银行存款支付　　B. 收到销售商品的款项

C. 购买固定资产，款项未付　　D. 销售商品，收到商业汇票一张

15. 下列各项中，(　　) 需要编制银行存款收款凭证。

A. 以银行存款购入设备　　B. 受到投资者投入一台设备

C. 从银行借入款项　　D. 将资本公积转增资本

16. 下列各项中，(　　) 应作为企业计提本月应负担的短期借款利息的凭证。

A. 收款凭证　　B. 付款凭证　　C. 转账凭证　　D. 单式凭证

17. 科目汇总表是依据 (　　) 编制的。

A. 记账凭证　　B. 原始凭证

C. 原始凭证汇总表　　D. 各种总账

18. 科目汇总表是一种 (　　)。

A. 凭证　　B. 账簿　　C. 报表　　D. 以上都对

19. 编制科目汇总表的依据是 (　　)。

A. 资产 = 权益　　B. 资产 = 负债 + 所有者权益

C. 收入 - 费用 = 利润　　D. 有借必有贷，借贷必相等

20. 科目汇总表是按照 (　　) 定期进行汇总。

A. 会计报表项目　B. 总分类科目　C. 明细分类科目　D. 以上都可

二、多项选择题

1. 填制记账凭证的依据是 (　　)。

A. 原始凭证　　B. 原始凭证汇总表

C. 会计账簿　　D. 会计分录

2. 专用记账凭证可以分为 (　　)。

A. 收款凭证　　B. 付款凭证

C. 转账凭证　　D. 通用记账凭证

3. 收款凭证左上角，“借方科目” 处，可填写 (　　)。

A. 应收账款　　B. 库存现金　　C. 货币资金　　D. 银行存款

4. 记账凭证必须具备的内容是（　　）。

A. 填制日期和编号　　B. 经济业务的摘要

C. 经济业务的数量、单价、金额　　D. 所附原始凭证的张数

5. 在填制记账凭证时，下列做法正确的有（　　）。

A. 将不同类型业务的原始凭证合并编制一张记账凭证

B. 一个月内的记账凭证连续编号

C. 从银行提取现金只填制现金收款凭证

D. 记账凭证日期必须填写

6. 记账凭证审核的内容包括（　　）。

A. 内容是否真实　B. 项目是否齐全　C. 记录是否正确　D. 书写是否规范

三、判断题（正确的打“√”，错误的打“×”）

1. 原始凭证可以由非财会部门人员填制，但记账凭证一律由财会部门人员填制。（　　）

2. 任何会计凭证都必须经过有关人员的严格审核，确认无误后，才能作为记账凭证依据。（　　）

3. 原始凭证和记账凭证都是具有法律效力的证明文件。（　　）

4. 企业将库存现金存入银行，一方面引起库存现金减少，另一方面又引起银行存款增加，所以应填制“现金付款凭证”和“银行存款收款凭证”。

（　　）

5. 各企业可根据自身业务量大小来确定科目汇总表汇总的时间。（　　）

6. 科目汇总表是汇总各账户的期末余额。（　　）

7. 科目汇总表可以进行试算平衡。（　　）

8. 编制的科目汇总表如果借方发生额合计数等于贷方发生额合计数，就说明所编制的记账凭证一定正确。（　　）

9. 记账凭证的“记账”栏内有“√”表示已审核完毕。（　　）

10. 在审核原始凭证时，发现有伪造、涂改或不合法的原始凭证，应退还经办人更改后再受理。（　　）

四、业务分析题

1. 佛山市天好制造有限公司采用通用记账凭证记录经济业务，会计员高维填制了如下几张记账凭证，请判断是否正确、规范。

表 4-11　　　　　　　　**记账凭证**

20××年 1 月 20 日　　　　　　　　记字 3 号

摘要	总计科目		借方金额											贷方金额											记账√
	总账科目	明细科目	亿	千	百	十	万	千	百	十	元	角	分	亿	千	百	十	万	千	百	十	元	角	分	
发放工资	应付职工薪酬	职工工资					3	8	0	0	0	0													
	银行存款																		3	8	0	0	0	0	
附件　张	合计						3	8	0	0	0	0							3	8	0	0	0	0	

会计主管　　记账　　出纳　　审核　　制证

表4-12　　　　　　　　**付款凭证**

20×× 年1月6日　　　　　　　　记字　号

摘要	借方科目		金额											
	总账科目	明细科目	亿	千	百	十	万	千	百	十	元	角	分	
支付白云公司货款	应付账款	白云公司					8	7	8	8	0	0	0	
附件 1 张	合计													

会计主管彭华　　记账　　出纳　　审核　　制证　　陈峰

2. 20××年 1 月份佛山市天好制造有限公司发生下列经济业务，请填制相应的记账凭证。

（1）2 日，开出支票支付材料款。

1300286818

广东省增值税专用发票

发票联

No0290620

开票日期 20××年01月02日

购买方	名　　称：佛山市天好制造有限公司 纳税人识别号：440608095509233 地址、电话：佛山市南海区幸福路66号，528099 开户行及账号：建行佛山南海支行　400685550	密码区	略

货物或应税劳务、服务名称	规格型号	单位	数量	单价	金额	税率	税额
甲材料		千克	4 000	50.00	200 000.00	17%	34 000.00
合　　计					¥200 000.00		¥34 000.00
价税合计（大写）	贰拾叁万肆仟圆整				（小写）¥234 000.00		

销售方	名　　称：中山市古慧有限公司 纳税人识别号：440300674683278166 地址、电话：中山市小榄镇兴业路 12 68888888 开户行及账号：工行中山市小榄营业部 32009178	备注	440300674683

收款人：邓晓玲　复核：李冰　开票人：张巧妙　　销售方（章）

第三联　发票联　购买方记账凭证

中国工商银行
支票存根

30252202

220102206

附加信息

出票日期：20××年1月2日

收款人：中山市古慧有限公司
金额：¥277 290.00
用途：支付材料款

单位主管：彭乾华　会计：高维

表 4-13　　收料单（财会联）

供货单位：中山市古慧有限公司

发票编号：略　　20××年 1 月 2 日　　收料第 160801 号

材料类别	材料编号	材料名称	材料规格	计量单位	数量		备注
					应收	实收	
		甲材料		千克	4 000	4 000	

复核：陈勇东　　收料：黄怡霞

表 4-14　　记　账　凭　证

年　月　日　字号

摘要	会计科目		借方金额											贷方金额											记账√
	总账科目	明细科目	亿	千	百	十	万	千	百	十	元	角	分	亿	千	百	十	万	千	百	十	元	角	分	
附件　张	合计																								

会计主管（略）　　记账（略）　　出纳（略）　　审核（略）　　制证

（2）6 日，支付销售部经理会务费。

中国工商银行
支票存根

30252206

220102210

附加信息

出票日期：20XX年1月6日

收款人：广东横洋有限公司

金额：￥530

用途：会务费

单位主管：彭乾华　会计：高维

3300246811　　**广东省增值税专用发票**　　No 03256741

发票联　　开票日期 20××年01月06日

购买方	名　　称：佛山市天好制造有限公司 纳税人识别号：440608095509233 地址、电话：佛山市南海区幸福路66号，528099 开户行及账号：建行佛山南海支行　400685550	密码区	略

货物或应税劳务、服务名称	规格型号	单位	数量	单价	金额	税率	税额
会务费		次	1	500.00	500.00	6%	30.00
合　计					¥500.00		¥30.00
价税合计（大写）	伍佰叁拾圆整				（小写）¥530.00		

销售方	名　　称：广东横洋有限公司 纳税人识别号：44010098761256723 4 地址、电话：广州市东风路万宝大厦1207 开户行及账号：建设银行广东省分行营业部11986	备注	广东横洋有限公司 440100907612507

收款人：邓晓玲　复核：　　开票人：张巧妙　　销售方（章）

第三联　发票联　购买方记账凭证

表 4–15　　**记 账 凭 证**

年　月　日　　字号

摘要	会计科目		借方金额											贷方金额											记账√
	总账科目	明细科目	亿	千	百	十	万	千	百	十	元	角	分	亿	千	百	十	万	千	百	十	元	角	分	
附件　张	合计																								

会计主管（略）　　记账（略）　　出纳（略）　　审核（略）　　制证

（3）10 日，委托银行发工资。

中国工商银行
支票存根

30251101
22011108

附加信息

出票日期：20XX年1月10日

收款人：佛山市天好制造有限公司

金额：￥87 800.04

用途：12月份工资

单位主管：彭乾华 会计：高维

表 4–16 记 账 凭 证

年 月 日 字号

摘要	会计科目		借方金额											贷方金额											记账√
	总账科目	明细科目	亿	千	百	十	万	千	百	十	元	角	分	亿	千	百	十	万	千	百	十	元	角	分	
附件 张	合计																								

会计主管（略） 记账（略） 出纳（略） 审核（略） 制证

3. 掌握科目汇总表的编制方法。

佛山市天好制造有限公司 20××年 1 月 1 日~31 日根据所发生的经济业务填制的记账凭证如表 4–22（以会计分录代替）所示。

表 4-17

凭证编号	借方科目	金额	贷方科目	金额
记 1	固定资产	300 000	实收资本	300 000
记 2	银行存款	18 000	应收账款	18 000
记 3	其他应收款	800	库存现金	800
记 4	库存现金	1 500	银行存款	1 500
记 5	银行存款	100 000	短期借款	100 000
记 6	生产成本 制造费用 管理费用	36 000 6 000 2 000	原材料	44 000
记 7	应付职工薪酬	15 000	银行存款	15 000
记 8	应付账款	24 000	银行存款	24 000
记 9	生产成本 制造费用 管理费用	11 000 1 600 2 400	应付职工薪酬	15 000
记 10	制造费用 管理费用	3 000 2 000	累计折旧	5 000
记 11	管理费用	3 000	银行存款	3 000
记 12	固定资产	68 000	银行存款	68 000
记 13	银行存款	23 500	应收账款	23 500

要求：根据上述记账凭证编制 1 月份的科目汇总表。

表 4-18 **科目汇总表**

编号：汇字第　号　　　　年　月　日至　日　凭证　号至　号共　张

科目名称	本期发生额																							
	借方发生额											√	贷方发生额											√
	亿	千	百	十	万	千	百	十	元	角	分		亿	千	百	十	万	千	百	十	元	角	分	

续表

科目名称	本期发生额																							
	借方发生额											√	贷方发生额											√
	亿	千	百	十	万	千	百	十	元	角	分		亿	千	百	十	万	千	百	十	元	角	分	
合计																								

会计主管　　　　记账　　　　审核　　　　制表

项目5 建立和登记会计账簿

项目情景设计

今天主管来电话，要求财务部提交目前库存商品的情况，包括目前库存商品的数量，各自的成本是多少，以及汇报目前单位的债权及债务情况。晓莉蒙了，虽然自己都编制了记账凭证。可从凭证里，怎么也看不到这些数据呀？该怎么办呢？

项目目标

知识目标：了解会计账簿的概念；熟悉会计账簿的种类和基本内容；熟悉会计账簿的登记和使用规则；熟悉会计账簿的登记方法；掌握对账和结账工作的要点；掌握试算平衡表的编制。

能力目标：能独立启用会计账簿；能独立设置和登记日记账、总账、明细账以及备查账；能够正确完成期末结账工作；能够正确编制试算平衡表。

素养目标：养成细致、认真的职业品质。

项目分析

登记会计账簿是会计核算工作的重要内容和最后环节，也是学习会计基础的重要组成部分。晓莉虽然已能对日常发生的经济业务通过编制记账凭证的方式将其归类、整理，但这些日常资料仍不能连续、系统、全面地反映某一时期经济业务的变化情况。为此，晓莉必须学会开设并登记会计账簿。

任务1 认识会计账簿

一、任务导入

主管告诉晓莉，启用的经济业务在会计凭证里是分散的数据，要将这些数据记入会计账簿里，这样就可以连续、系统、全面地了解这个时期企业的经济业务了。可是，什么是会计账簿？会计账簿是什么样子的？怎么用会计账簿呢？

二、任务分析

认识会计账簿，了解会计账簿的作用以及会计账簿的分类，是启用会计账簿、登记会计账簿的第一步。

三、知识百宝箱

（一）什么是会计账簿

会计账簿是由具有一定格式、按一定形式相互联结的账页组成的，以经过审核的会计凭证为依据，连续、系统、全面、综合地记录和反映各项经济业务的簿籍。

（二）为什么要登记会计账簿

（1）会计账簿的设置和登记，为企业经营管理提供系统、完整的会计资料。每张记账凭证只能反映个别的经济业务，通过设置和登记会计账簿，可以将会计凭证记录的大量的、分散的资料，按账户进行分类、汇总和整理，形成连续、系统、全面的记录。

（2）会计账簿的设置和登记，为编制会计报表提供依据。会计账簿是编制会计报表的重要依据，会计报表中的大部分项目数据来源于会计账簿记录。

（3）会计账簿的设置和登记，为企业计算、分析各项考核指标提供依据。设置会计账簿可以及时获取实物增减变化以及结存情况，有利于保证实物财产的完整性。会计账簿中的数据，经过加工，计算收入、费用、利润等各种指标数据，用于考核、预测等方面，便于企业提高经济效益。

（三）会计账簿的分类

1. 会计账簿按照用途可分为日记账簿、分类账簿和备查账簿（表5-1）

表5-1　会计账簿按照用途分类

账簿名称	定义	种类	说 明
日记簿	又称序时账簿，它是按经济业务发生或完成时间的先后顺序逐日逐笔进行登记的账簿		

续表

账簿名称	定义	种类	说明
分类账簿	按总分类账户和明细分类账户对全部经济业务进行分类登记的账簿	总分类账簿是按总分类账户进行分类登记的账簿，简称总账	总账提供总括信息，是对明细账的汇总、统驭
		明细分类账簿是按明细分类账户进行分类登记的账簿，简称明细账	明细账提供详细的会计信息，是对总账的补充说明
备查账簿	又称辅助账簿，是对某些序时账、分类账中未能记载的经济事项进行补充登记的账簿		对其他账簿提供必要的补充信息

2. 会计账簿按照账页格式可分为三栏式账簿、多栏式账簿、数量金额式账簿和横线登记式账簿（表 5-2）

表 5-2　　会计账簿按照账页格式分类

账簿名称	基本结构	适用范围	举例
三栏式账簿	由三栏式账页构成，设借、贷、余三栏	只需要进行金额核算的账户	总账、库存现金日记账、应收账款明细账等
多栏式账簿	由多栏式账页构成，在借、贷、余栏目下再设若干分栏	需要分具体项目详细反映的账户	制造费用明细账、管理费用明细账、本年利润明细账等
数量金额式账簿	由数量金额式账页构成，在借、贷、余栏目下再设数量、单价和金额三小栏	既需要金额进行核算，又需要数量进行核算的账户	原材料明细账、库存商品明细账等
横线登记式账簿	又称为“平行式”账簿，在同一张账页的同一行记录某一项经济业务从发生到结束的有关内容	需要逐笔结算的账户	材料采购明细账、其他应收款——备用金明细账等

3. 会计账簿按照外形特征可分为订本式账簿、活页式账簿和卡片式账簿（表 5-3）

表 5-3　　会计账簿按照外表形式分类

账簿名称	定义	优缺点	举例
订本式账簿	启用前就将账页装订在一起，并对账页进行连续编号的账簿	可防止账页散失，但不便于分工记账，易造成账页浪费	总账、现金日记账等
活页式账簿	将所需的零散账页存放在活页夹中，可以随时取放，登记完毕后才将账页加具封面，并给账页连续编号	按需取用，便于分工记账，但账页容易散失或被抽换	各种明细账
卡片式账簿	由零散的、具有专门格式的硬式卡片组成的账簿	按需设计，内容具体，便于查阅，但账页容易散失或被抽换	“固定资产”卡片账，一般放在实物保管部门

任务 2　使用会计账簿

一、任务导入

原来会计账簿也有这么多种类型，晓莉想要将会计凭证中的信息登记入账簿，应该选取怎样的账簿呢？应该如何使用这些会计账簿呢？又该如何去登记这些会计账簿呢？有没有什么要求或规则呢？

二、任务分析

建立一套会计账，首先要区分会计账簿的不同用途来设置对应的账簿；再根据要记录的内容确定账页的格式；空白账簿购买回来以后，需要启用会计账簿以明确责任，于是还需要我们了解会计账簿的启用规则。

会计账簿作为会计档案的重要组成部分，登记会计账簿也是会计核算的基础工作和重要环节。为保证账簿记录的正确、完整、及时和清晰，并责任明确，记账必须规范和符合要求。

三、知识百宝箱

（一）会计账簿的启用规则

会计账簿是重要的经济档案。账簿登记要有专人登记，必须明确记账责任，以保证账簿资料的合法性和完整性。

一般账簿都应该每年更换一次，为了明确记账责任，新账簿在启用前应由记账人员填写“账簿启用登记表”，并由会计主管人员和记账人员分别签章，方可在账簿上登记。订本式账簿在启用前应点明页数并连续编号，不得出现跳页、缺号，之后编写目录表。活页式账簿，应按账户编号顺序，编制目录表，定期装订成册。每个账户应列明账户编号及名称。账户名称应使用全称，不得简化。

会计账簿应具备的基本内容有：封面、扉页、账页，如表 5-4 和图 5-1 所示。

表 5-4　　会计账簿应具备的基本内容

<table>
<tr><td>封面</td><td>账簿名称、记账单位的名称</td></tr>
<tr><td rowspan="2">扉页</td><td>账簿启用登记表（账簿名称、编号、总页数、启用时间，经管人员姓名以及交接记录，主管会计人员签章）</td></tr>
<tr><td>账户目录</td></tr>
<tr><td rowspan="2">账页</td><td>账户名称、总页数和分页数</td></tr>
<tr><td>经济业务内容，记账日期栏等</td></tr>
</table>

账簿使用登记表

<table>
<tr><td colspan="2">单位名称</td><td colspan="6"></td><td rowspan="6">印花税票粘贴处</td></tr>
<tr><td rowspan="5">本账簿</td><td>名　称</td><td colspan="6"></td></tr>
<tr><td>册　次</td><td colspan="6">第　册　共　册</td></tr>
<tr><td>起讫页数</td><td colspan="6">第　号至第　号共计</td></tr>
<tr><td>启用日期</td><td colspan="6">年　月　日</td></tr>
<tr><td>停用日期</td><td colspan="6">年　月　日</td></tr>
<tr><td rowspan="2">经管人员姓名</td><td colspan="3">接管日期</td><td colspan="3">移交日期</td><td rowspan="2">经管人员盖章</td><td rowspan="2">会计主管盖章</td></tr>
<tr><td>年</td><td>月</td><td>日</td><td>年</td><td>月</td><td>日</td></tr>
<tr><td></td><td></td><td></td><td></td><td></td><td></td><td></td><td></td><td></td></tr>
<tr><td></td><td></td><td></td><td></td><td></td><td></td><td></td><td></td><td></td></tr>
<tr><td></td><td></td><td></td><td></td><td></td><td></td><td></td><td></td><td></td></tr>
<tr><td></td><td></td><td></td><td></td><td></td><td></td><td></td><td></td><td></td></tr>
<tr><td>备注</td><td colspan="8">单位公章</td></tr>
</table>

图 5-1　会计账簿使用登记表

（二）企业一般设置的会计账簿（表 5-5）

表 5-5 企业一般设置的会计账簿

账簿种类	岗位（小型企业）	账页格式	小型企业一般设置的账簿
日记账	出纳	三栏式	1 本银行存款日记账 1 本库存现金日记账
总账	会计主管	三栏式	1 本总账
明细账	会计	三栏式 数量金额式 多栏式 横线登记式 固定资产卡片式	按需设置；至少有三栏式账簿 1 本，用于登记“应收账款”“应付账款”等明细账；数量金额式账簿 1 本，用于登记“原材料”“库存商品”等明细账；多栏式账簿 1 本，用于登记“管理费用”“生产成本”等明细账
备查账	按需设置	没有统一格式	按需设置

（三）会计账簿的登记规则

（1）登记及时。会计人员必须根据审核无误的会计凭证，及时完成登账工作，不得拖延。

（2）内容准确、清楚、完整并标明记账符号。登记账簿时，必须将记账凭证的填写日期、种类和编号、经济业务内容摘要、金额和其他有关资料逐项填写入账。同时，每当一笔经济业务登账完毕，要在相应的记账凭证上签名或者盖章并注明账簿的页数，或用“√”符号表示已登记入账，以此防止重记、漏记，并便于查阅、核对。

（3）登记账簿必须使用蓝黑或者碳素墨水书写，不得使用铅笔或圆珠笔（银行的复写账簿除外）。红色墨水笔必须按照规定使用。

（4）账簿上记录的文字和数字应规范、清晰。书写时文字和数字应紧靠本行底线，字体大小一般为行宽的 1/2，不占满格。数字应写在金额栏内，角分位写“00”，没有分的整数，仅分位无数字的，应在分位写“0”，不得省略不写，或以“—”号代替。

（5）顺序、连续登记。各种账簿必须按照编定的页次，连续记录，不得隔页跳行。如有隔页、跳行，应将空页或空行画线注销，或者注明“此行空白”“此页空白”字样，并由记账人员在空白处签名或盖章。

（6）结出余额。凡需结出余额的账户，结出余额后，应当在“借或贷”等栏内写明“借”或“贷”等字样。没有余额时，应当在“借或贷”等栏内写“平”字，并在余额栏内元的位置用“0”表示。

(7) 过次承前。每一张账页记录结束，转入下一页登记时，在本账页最末一行“摘要”栏内注明“过次页”，加计本页借方、贷方发生额合计并结出余额，并过入下一页的第一行内的“借方”“贷方”“余额”栏内，并在“摘要”栏注明“承前页”。

(8) 账簿记录如果发现错误，不得随意涂改，更不能进行刮擦、挖补或用褪色药水更改消除字迹。发现错误后，应及时查找原因并按照规定的手续和更正错账的方法予以更正。

(四) 会计账簿的更换

在每个会计年度结束，新的会计年度开始时，应按照会计制度规定，更换账簿。一般来讲，总账、日记账和大部分明细账要每年更换一次。有些财产物资和债权债务明细账由于更换新账的工作量太大，可以跨年度使用。各种备查账也可以跨年度使用。

年度终了，应在旧账页年度结账双红线下面一行的摘要栏内注明“结转下年”，在余额栏填写年末余额（余额为零的不需结转）并将空行注销。在新账簿第一行日期栏里写“1 月 1 日”，摘要栏内写“上年结转”，把账户余额写入“余额”栏内，余额方向与上年一致。

(五) 会计账簿的交接规则

若记账人员由于调动工作等原因离开岗位，必须与接管人员办理好交接手续，在账簿启用表的交接记录栏内填写好交接日期、交接人员和监交人员姓名，双方签字并盖章。一般会计人员办理交接手续，由会计机构负责人监交；会计机构负责人办理交接手续，由单位负责人监交，必要时主管部门可以派人监交。

任务 3　登记会计账簿

一、任务导入

我们知道，一家企业有一套会计账簿，一套会计账簿有作用不同、格式不同的会计账簿，不同账簿的登记方法是有差别的。

日记账是有出纳岗位的人员开设的，那么出纳岗位人员应该如何登记日记账？一般都登记哪些日记账？什么时候登记日记账呢？登记日记账的依据是什么呢？

明细分类账是根据明细分类账户来设置的，登记时，根据本单位经济业务的繁简和经营管理上的需要来确定，开设哪些账户的明细账并选择对应需要的账页格式。不同格式的明细账在登记时依据和方法都会略有差别。

总账，又称总分类账，是总括反映企业经济信息的账簿，总账的登记工作不能由登记明细账的会计来完成，一般小型企业将这个工作安排给会计主管来完成。总账使用三栏式、订本账簿。与明细账相比，情形单一，会不会比较容易登记呢？

二、任务分析

（一）日记账

一般企业设置的日记账包括库存现金日记账和银行存款日记账，是出纳人员用以记录和反映货币资金增减变动的账簿。日记账需要依据有关凭证逐日逐笔登记，现金日记账需要“日结日清”。

（二）明细分类账

明细分类账是根据企业会计业务的具体情况、企业自身管理的要求、外界对企业信息的需求来设置的。明细分类账常用的格式有三栏式、多栏式、数量金额式等。登记时，根据本单位经济业务的繁简和经营管理上的需要来确定。登记明细分类账的依据有原始凭证、原始凭证汇总表以及记账凭证。

（三）总分类账

总分类账是根据总分类账户来设置的，在不同账务处理程序下，总账的登记依据是不同的。企业根据本单位经济业务的繁简和经营管理上的需要来确定合适的账务处理程序，最常见的账务处理程序有记账凭证账务处理程序和科目汇总表账务处理程序两个。在记账凭证账务处理程序下，总账直接依据经过审核的记账凭证登记。在科目汇总表账务处理程序下，需要先定期编制科目汇总表，再根据科目汇总表登记总账。

三、知识百宝箱

（一）日记账

1. 库存现金日记账与银行存款日记账的登记要求（表5-6）

表5-6　　现金日记账与银行存款日记账的登记要求对比

	库存现金日记账	银行存款日记账
账簿的外表形式	订本式	订本式
通常的账页格式	三栏式	三栏式
账簿由谁，根据什么，如何登记的？	是出纳人员按照经济业务发生的时间先后顺序，根据有关现金收款凭证和现金付款凭证或提取现金的银行存款付款凭证，逐日逐笔进行登记的账簿	是出纳人员根据有关银行存款的收款凭证、付款凭证，按照经济业务发生的时间顺序，逐日逐笔地记录和反映银行存款的增减变化及其结果的账簿

续表

	库存现金日记账	银行存款日记账
如何检验自己的账簿记录是否与实际一致呢？	每日终了应将余额数与库存现金进行核对，以检查账实是否相符，做到“日清日结”	银行存款日记账应“月清日结”，定期与开户银行转来的对账单进行逐笔核对，至少重复一次，如发现错误，应查找原因，及时更正
若需要明细核算，如何设置？	设多本现金日记账，应按币种分别设置	设多本银行存款日记账，应按存款种类、开户银行和其他金融机构分别设置

小提示：如果同一笔业务同时涉及现金和银行存款两种日记账（比如：从银行提取现金或者将现金存入银行的业务），应同时登记在两本日记账中。

2. 库存现金日记账账页与银行存款日记账账页的具体登记

（1）现金日记账账页的具体登记。

①日期栏。与记账凭证的日期一致。

②凭证字号栏。根据记账凭证的种类以及编号登记。

③摘要栏。简要说明入账经济业务的内容。

④对方科目栏。与库存现金相对应的科目。

⑤收入栏。也叫“借方栏”，登记库存现金的借方发生数。

⑥支出栏。也叫“贷方栏”，登记库存现金的贷方发生数。

⑦余额栏。反映库存现金的结存情况。库存现金日记账，需要每天结算出余额，并与库存现金实有数进行核对。

（2）银行存款日记账账页的具体登记。

①日期栏。与记账凭证的日期一致。

②凭证字号栏。根据记账凭证的种类以及编号登记。

③摘要栏。简要说明入账经济业务的内容。

④对方科目栏。与银行存款相对应的科目。

⑤结算凭证种类以及号数栏。用以登记银行存款增加或减少的结算方式，以便日后与银行对账单核对。

⑥收入栏。也叫“借方栏”，登记银行存款的借方发生数。

⑦支出栏。也叫“贷方栏”，登记银行存款的贷方发生数。

⑧余额栏。反映银行存款的结存情况。库存现金日记账，需要每天结算出余额。

库存现金日记账账页格式，如图 5-2 所示；银行存款日记账账页格式，如

图 5-3 所示。

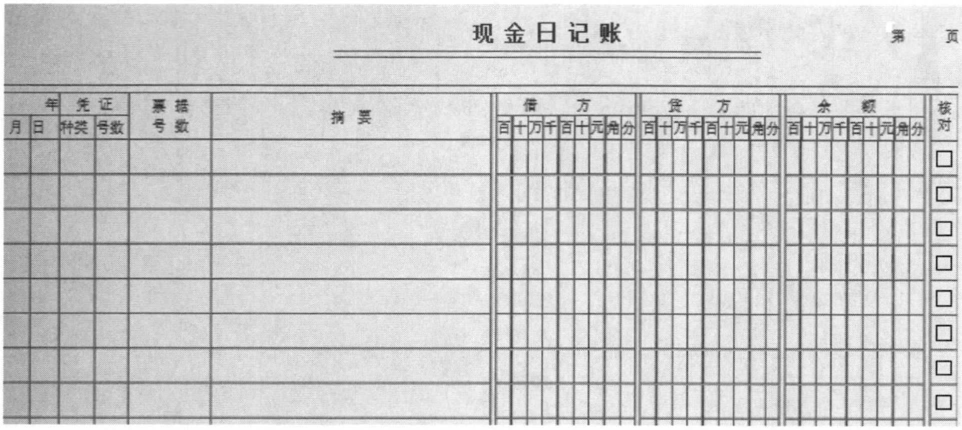

图 5-2　库存现金日记账账页

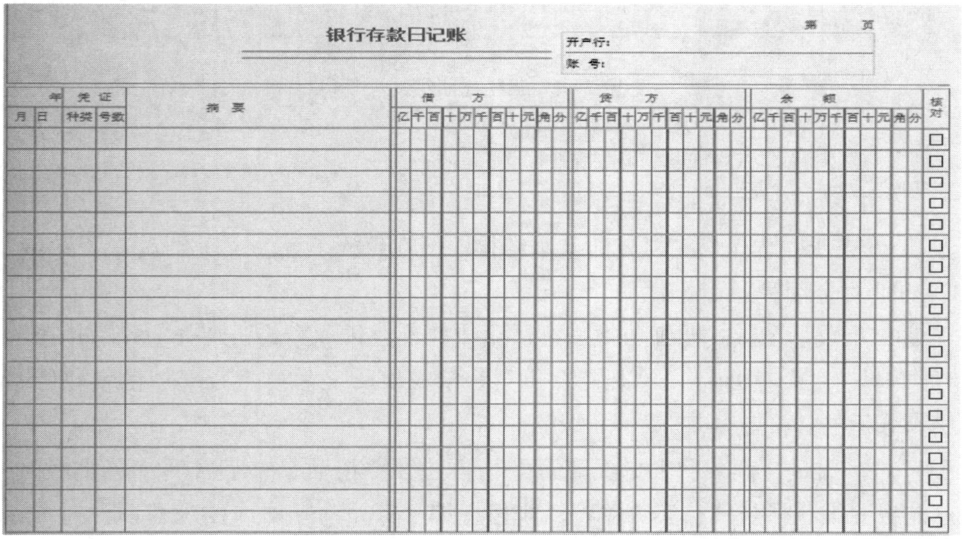

图 5-3　银行存款日记账账页

（二）明细账

1. 三栏式明细账的登记

（1）三栏式明细分类账的格式。三栏式明细分类账的格式与总分类账的格式相同，也使用“借方”“贷方”“余额”三栏式账页。

（2）三栏式明细分类账适用业务。三栏式明细分类账适用于如“应收账款”“应付账款”“短期借款”“长期借款”等只需要对金额进行核算分析的经济业务。

（3）三栏式明细分类账登记方法。会计人员应直接根据审核无误的记载经济业务的收款凭证、付款凭证、转账凭证及所附原始凭证逐日逐笔进行登记。

具体登记要求：与日记账的登记要求相似，但不要求每日结账，也没有对方科目栏与结算方式栏。三栏式明细账账页如图 5-4 所示。

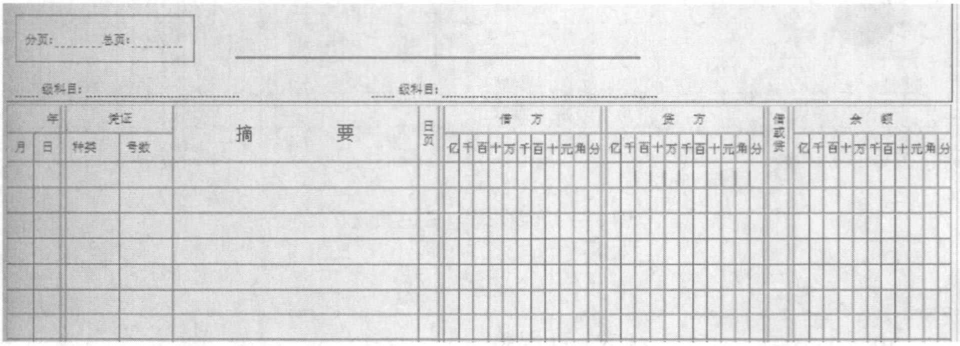

图 5-4　三栏式明细账账页

2. 数量金额式明细账的登记

（1）数量金额式明细分类账的格式。数量金额式明细分类账也采用“借方”“贷方”“结存”三栏式的基本结构，但在每栏下面，又分别设置“数量”“单价”“金额”三个小栏目。

（2）数量金额式明细分类账页适用业务。数量金额式明细分类账适用于如“原材料”“库存商品”等既需要进行金额核算，又需要进行具体的实物数量核算分析的经济业务。

（3）数量金额式明细分类账页登记方法。登记数量金额式明细分类账时，首先将明细科目名称、实物单位、规格、编号等填写在对应的项目内，通常在开设账户时就写在了账页上。经济业务发生后，根据有关审核无误的记账凭证及所附原始凭证上记载的具体内容，登记明细科目的增减数量、单价，并计算出总金额，然后按照选定的核算方法计算出结余的数量、单价和金额。

具体登记要求：基本与三栏式明细账的登记要求相似，但数量、单价栏的信息需要从原始凭证中获得。

数量金额式明细账账页，如图 5-5 所示。

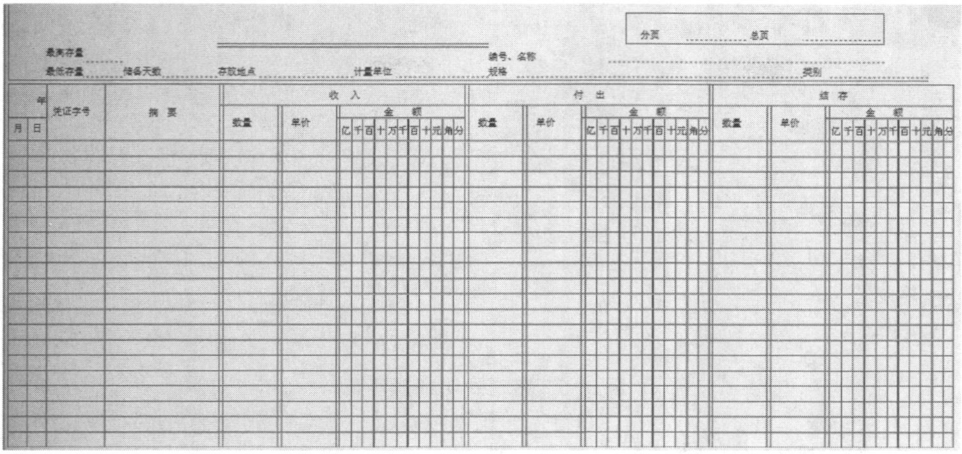

图 5-5　数量金额式明细账账页

3. 多栏式明细账的登记

（1）多栏式明细分类账的格式。多栏式明细分类账，一般在“借方”或“贷方”栏下设立若干专栏，也可在借、贷双方栏下分别设立若干栏，以便具体、详细地记录反映某项资金的增减变动情况。

（2）多栏式明细分类账适用业务。根据经济业务的特点和对所提供的数据资料的要求选择相应的多栏式账页，设立合理的多栏式明细分类账。多栏式明细分类账适用于有关成本、费用和收入、成果等需要详细核算分析其组成、消耗情况的经济业务。如：“生产成本”“制造费用”“管理费用”“主营业务收入”“本年利润”等明细分类账。

（3）多栏式明细分类账的登记方法。多栏式明细分类账的格式多种多样，不同的格式，登记时略有差别。

具体登记要求：基本与三栏式明细账的登记要求相似，但在没有设借、贷栏的多栏式账页里，用红字表示负数。多栏式明细账账页如图 5-6 所示。

（三）总账

1. 总分类账账页格式

总分类账只采用货币计量单位进行登记，一般采用“三栏式账页”，其基本结构为：“借方”“贷方”和“余额”三栏。

2. 记账凭证账务处理程序下总账的登记

在记账凭证账务处理程序下，由会计人员根据审核无误的记账凭证直接登记。登记方法同“日记账”的登记方法基本相同。

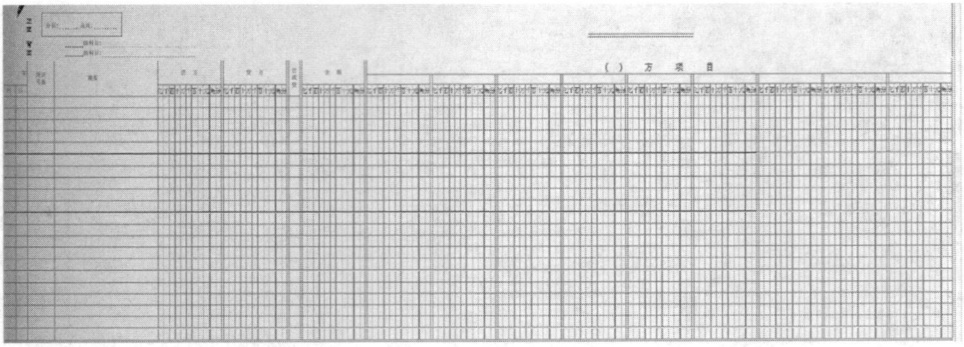

图 5-6　多栏式明细账账页

3. 科目汇总表账务处理程序下总账的登记

科目汇总表账务处理程序又称记账凭证账务处理程序，它是根据记账凭证定期编制科目汇总表，再根据科目汇总表登记总账。

（1）定期编制科目汇总表，一般为 5 天，10 天，半个月或者 1 个月。编制时，按实际填写所汇总记账凭证的起止时间，以及记账凭证的实际数量填写表头信息。“会计科目”的填写顺序一般按总账科目的顺序排列。

（2）按总账科目分别计算“借方”“贷方”发生额，并计算各自合计数，试算平衡无误后，可据以登记总账。

（3）根据科目汇总表登记总账。在总账的对应科目中，“摘要栏”登记“××日-××日汇总计入”，然后将它的借方发生额、贷方发生额分别登记在同一行。登记完后，在记账凭证汇总表的“过账”栏，登记“√”。

（4）科目汇总表下方的制表、记账等责任人分别签章。

总账账页格式如图 5-7 所示。

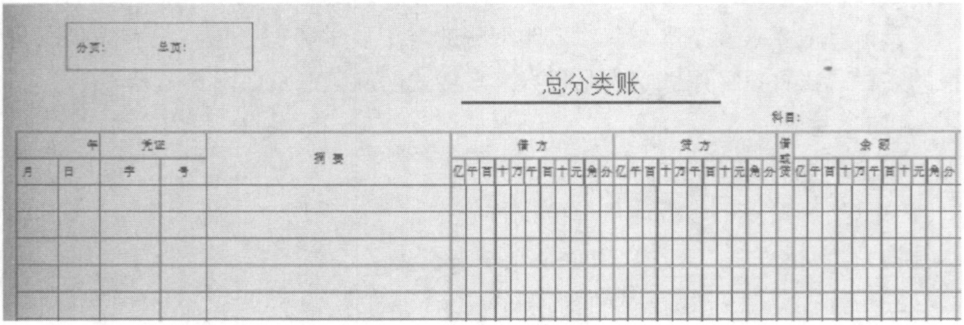

图 5-7　总账账页格式

任务4 掌握错账更正的方法

一、任务导入

晓莉在登记账簿的过程中发现自己的账簿记录有错，不知道自己应该怎么办了，这时，她想起之前学习账簿登记规则时，学到“账簿记录如果发现错误，不得随意涂改，更不能进行刮擦、挖补或用褪色药水更改消除字迹。发现错误后，应及时查找原因并按照规定的手续和更正错账的方法予以更正”。那么错账更正的方法有哪些？分别应该怎么做呢？

二、任务分析

账簿记录如果发现错误，不得随意涂改，更不能进行刮擦、挖补或用褪色药水更改消除字迹。发现错误后，应及时查找原因并按照规定的手续和更正错账的方法予以更正。首先要区分账簿记录错误的原因有两大类：一类是记账凭证是正确的，而在登记账簿的时候，写错了，这类错误只需要按相应的方法更正账簿登记就好了，方法是“画线更正法”；另一类是记账凭证就已经填制错了，根据这个错误的记账凭证登记的账簿，自然也错了，这种情况更正起来就复杂一些，需要将记账凭证以及账簿里的错误一起更正过来，更正时根据具体原因选用“补充登记法”和“红字冲销法”。

三、知识百宝箱

记账过程中如果发现错误，应根据不同情况，按规定的方法进行更正。本年度内，结账之前账簿记录的差错，一般采用画线更正法、补充登记法、红字更正法进行更正。

（一）画线更正法

使用情形：在结账之前，发现账簿记录中数字或文字错误，而记账凭证并没有写错，可用画线更正法直接在账簿中进行更正。

更正方法：先将错误数字或文字的正中位置用红笔画一道红线注销，然后在其上方空白处书写正确的文字或数字，并由经办人员在更正处盖章。画线时，文字错则画掉个别错字；数字错则要整个数据都画掉，不能只画部分数字；若记错了栏次或行次，在画线注销后，将文字或数字填入应记栏内即可。

（二）补充登记法

使用情形：记账后，若发现记账凭证上应借、应贷科目无错误，只是所填金额小于应记金额的情形。

更正方法：将少记金额用蓝字编制一张账户对应关系与原记账凭证一样的记账凭证。摘要写“补充登记××月××日，记××号凭证少记金额”，并根据这张凭证登记账簿。

（三）红字更正法

红字更正法有两种使用情形：

使用情形一：记账后，若发现记账凭证上应借、应贷科目无错误，只是所填金额大于应记金额的情形。

更正方法：将多记金额用红字编制一张账户对应关系与原记账凭证一样的记账凭证。摘要写“冲销登记××月××日，记××号凭证多记金额”，并根据这张凭证登记账簿。

使用情形二：记账后，若发现记账凭证上应借、应贷科目有错误，致使账簿记录错误。

更正方法：先用红字编制一张与原记账凭证一样的记账凭证，摘要写“冲销××月××日，记××号凭证”，并根据这张凭证登记账簿，再用蓝字编制一张正确的记账凭证，摘要写“更正××月××日，记××号凭证”，并根据这张凭证登记账簿。

任务5　对账及结账

一、任务导入

月末，每期的经济业务已经全部登记到会计账簿里了，可是，晓莉心里还是打鼓，不知道自己登记的是否正确。晓莉想核对自己的账簿登记，应该怎么做呢？

晓莉通过期末对账工作，核对未发现错误，那么，本期账务工作就到了该结账的时候了，可是晓莉没结过账。到底该怎么结账呢？结账前需要准备些什么呢？

二、任务分析

会计账簿是根据审核无误的会计凭证登记的，晓莉想要核对会计账簿的登记是否正确，那么可以将会计账簿的记录与原始凭证、记账凭证记录核对一下，看看是否一致，这就是对账工作中的“账证核对”。另一方面，账簿的记录始终是要求要反映实际，那么可以将账簿的记录与各项财产实有数额核对，这就是对账工作中的“账实核对”。另外，同一经济业务，由不同岗位的会计人员，不同的账簿中登记，于是，可以采用会计账簿与会计账簿之间核对，这就是对账工作中的“账账核对”。

账对好了，我们就可以开始会计期间的记账工作了。

三、知识百宝箱

（一）对账

对账是指单位定期对会计账簿记录的有关数字与相关的会计凭证、库存实物、货币资金、有价证券、往来单位或者个人等进行相互核对，以保证账账相符、账证相符、账实相符。对账主要包括账证核对、账账核对和账实核对三方面。

1. 账证核对

账证核对就是核对会计账簿的记录与原始凭证、记账凭证记录的时间、凭证字号、内容、金额是否一致，记账方向是否相符。账证相符是保证账账相符、账实相符的基础。

2. 账账核对

账账核对是核对不同会计账簿之间的账簿记录是否相符，这种核对至少每月月末进行一次。账账核对的主要内容包括：

（1）将总分类账簿中全部账户的本期借方发生额合计数与本期贷方发生额合计数，期末借方余额合计数与期末贷方余额合计数进行核对。这种核对工作可以通过定期编制总分类账试算平衡表进行。

（2）将总分类账簿与其所属的明细分类账簿进行核对，检查总账和明细账双方记载的经济业务内容及记账方向是否一致，总账金额与其所属明细账金额之和是否一致。这种核对工作可以通过定期编制明细分类账本期发生额与余额对照表等形式进行。

（3）将“现金日记账”“银行存款日记账”的期末余额与总分类账中“现金”“银行存款”账上的期末余额核对，检查总账与日记账记录是否相符。

（4）将财会部门财产物资明细分类账的期末余额与相应的财产物资保管部门或使用部门的明细分类账、卡上记载的期末结存数额核对，检查其是否相符。

3. 账实核对

账实核对是核对会计账簿记录与各项财产实有数额是否相符，其具体核对内容包括：

（1）将“现金日记账”账面余额与库存现金实际结余数额核对。

（2）将“银行存款日记账”账面余额与银行转来的对账单上的余额核对。

（3）各种财产物资明细分类账账面余额与该项财产物资的实际结存数额核对。

（4）各种应收、应付款项的明细分类账账面余额与债权、债务的单位或个人进行核对，达到相符。

（二）结账

结账是指在一定时期的终了（月、季、年），把全部经济业务登记入账以后，计算并记录本期发生额和期末余额的活动。

1. 结账前的准备工作

（1）确认本期间内日常发生的经济业务已经全部正确地登记完毕，没有遗漏或错记。

（2）依照权责发生制的要求，按规定摊销和预提本期应负担的各种费用。

（3）确认期末事项已经完成正确计算并登记完毕，如摊销无形资产、计提固定资产折旧等。

（4）计算确定本期营业成本，以便与本期的营业收入相配比，确定本期间的经营成果。

（5）认真进行对账工作，保证账面记录的正确性，做到账证、账账、账实相符，以便提供真实可靠的经济指标。

2. 定期结账

定期记账分为月度结账、季度结账、年度结账。具体方法如下：

月结：在最后一笔记录下画一条通栏红线，在红线下摘要栏写“本月合计”，分别在借方栏、贷方栏和余额栏，结出本月借方发生额合计、本月贷方发生额合计以及月末余额，然后在此行下面再画一条通栏红线。

例如：

12 月 31 日　本月合计　×××　×××　×××

季结：每个季度终了在月度结账的下一行摘要栏写“本季度累计”，分别在借方栏、贷方栏和余额栏，结出本季度借方发生额合计、本季度贷方发生额合计以及季末余额，然后在此行下面再画一条通栏红线。

例如：

12 月 31 日　本月合计　×××　×××　×××

本季累计　×××　×××　×××

年结：每年结束在最后一个季度结账的下一行摘要栏写“本年累计”，分别在借方栏、贷方栏和余额栏，结出全年借方发生额合计、全年贷方发生额合计以及年末余额，然后在此行下面再画一条通栏双红线。

例如：

12 月 31 日　　本月合计　　×××　×××　×××

　　　　　　　本季累计　　×××　×××　×××

本年累计　　×××　×××　×××

项目总结

项目会计账簿的开始与登记，让读者在认识会计账簿的基础上，能够选择合适的会计账簿，正确开设会计账簿并登记日记账、总账和明细账。掌握在登记账簿时，发现错账的更正方法以及期末如何通过对账来保障账簿记录的正确性。最后，正确的结账使账簿记录保持规范性和连续性。

职业技能训练

一、单项选择题

1. 下列适合采用多栏式明细账格式核算的是（　　）。

A. 原材料　　B. 制造费用　　C. 应付账款　　D. 库存商品

2. 对某些在序时账簿和分类账簿等主要账簿中都不予登记或登记不够详细的经济业务事项进行补充登记时使用的账簿称为（　　）。

A. 日记账　　B. 总分类账簿　　C. 备查账簿　　D. 联合账簿

3. 登记账簿过程中，每一账页的最后一行及下一页第一行都要办理转页手续，是为了（　　）。

A. 便于查账　　B. 防止遗漏

C. 防止隔页　　D. 保持记录的连续性

4. 会计账簿扉页启用表上填列不包括的内容（　　）。

A. 账簿名称　　B. 单位名称　　C. 账户名称　　D. 启用日期

5. 下列各账簿中，必须逐日逐笔登记的是（　　）。

A. 库存现金总账　　B. 银行存款日记账

C. 库存商品明细账　　D. 应付票据登记簿

6. 下列明细分类账中，应该采用数量金额式明细分类账簿是（　　）。

A. 原材料明细分类账　　B. 应收账款明细分类账

C. 制造费用明细分类账　　D. 预提费用明细分类账

7. 下列明细分类账中，一般不宜采用三栏式账页格式的是（　　）。

A. 应收账款明细账　　B. 应付账款明细账

C. 实收资本明细账　　D. 原材料明细账

8. 能够总括反映企业某一类经济业务增减变动的会计账簿是（　　）。

A. 总分类账　　B. 明细分类账　　C. 备查账　　D. 序时账

9. 在月末结账前发现所填制的记账凭证将科目方向记反，并已过账，按照有关规定，更正时应采用的错账更正方法最好是（　　）。

A. 画线更正法　　B. 平行登记法　　C. 补充登记法　　D. 红字更正法

10. 月末结账前发现所填制的记账凭证无误，根据记账凭证登记账簿时，将 3 724 元误记为 3 742 元，按照有关规定，更正时应采用的错账更正方法是（　　）。

A. 画线更正法　　B. 补充登记法　　C. 红字更正法　　D. 平衡登记法

二、多项选择题

1. 会计账簿按账页格式的不同，可以分为（　　）。

A. 两栏式账簿　　B. 多栏式账簿

C. 备查账簿　　D. 数量金额式账簿

2. 必须采用订本式账簿的有（　　）。

A. 现金日记账　　B. 固定资产明细账

C. 银行存款日记账　　D. 原材料总账

3. 实际工作中，采用三栏式账页格式的账户有（　　）。

A. 总分类账　　B. 债权债务明细分类账

C. 存货明细分类账　　D. 现金日记账

4. 会计账簿登记规则包括（　　）。

A. 记账必须有依据

B. 按页次顺序连续记账

C. 账簿记载的内容应与记账凭证一致，不得随便增减

D. 结清余额

5. 以下凭证可能在库存现金日记账的收入栏进行登记的有（　　）。

A. 库存现金收款凭证　　B. 库存现金付款凭证

C. 银行存款收款凭证　　D. 银行存款付款凭证

6. 下列账户的明细账账页格式应采用多栏式的有（　　）。

A. 管理费用　　B. 原材料　　C. 其他应收款　　D. 财务费用

7. 有关总分类账户和明细分类账户的关系，下列表述中正确的有（　　）。

A. 总分类账户对明细分类账户具有统驭控制作用

B. 总分类账户与其所属明细分类账户在总金额上应当相等

C. 明细分类账户对总分类账户具有补充说明作用

D. 总分类账户与明细分类账户提供信息的详细程度不同

8. 对账的内容包括（　　）。

A. 账表核对　　B. 账证核对　　C. 账实核对　　D. 账账核对

9. 下列（　　）属于账实核对的工作内容。

A. 现金日记账的账面余额与实际库存数核对

B. 各种财产物资实有数与相应明细账核对

C. 各种债权、债务明细账账面余额与有关单位（或个人）核对

D. 银行存款日记账账面余额与银行对账单核对

10. 下列说法中，正确的有（　　）。

A. 短期借款明细账应采用多页式账簿格式

B. 应收账款明细账应采用活页式账簿

C. 成本费用、收入和利润类明细账一般采用多栏式明细账

D. 对账的内容包括账证核对、账账核对、账实核对

三、判断题（正确的打“√”，错误的打“×”）

1. 会计账簿的记录是编制会计报表的重要前提和依据。（　　）

2. 多栏式账簿便于账页的重新排列和记账人员的分工，但账页容易散失和被随意抽换。（　　）

3. 现金日记账、银行存款日记账和总账都必须采用订本式账簿。（　　）

4. 总账应逐日逐笔顺序登记，日记账可以逐笔登记，也可以汇总登记。（　　）

5. 登记银行存款日记账的依据是银行存款收付款凭证和现金收付款凭证。（　　）

6. 在登记账簿时，如果经济业务发生日期为2019年10月12日，编制记账凭证日期为10月16日，登记账簿日期为10月17日，则账簿中“日期栏”登记的时间为“10月12日”。（　　）

7. 多栏式明细账一般适用于资产类账户。（　　）

8. 总分类账只可以根据记账凭证直接登记。（　　）

9. 会计账簿登记中，如果不慎发生隔页，应将空页撕掉，并更改页码，更改人在更改处签章。（　　）

10. 在期末结账前发现账簿记录中文字出现错误，可以用红字更正法更正。（　　）

四、业务分析题

1. 练习日记账的登记

某企业20××年8月初现金日记账余额为1 800元，银行存款日记账余额为832 000元。本月发生下列有关经济业务：

（1）1日，采购部王天明出差，预借差旅费1 500元，经审核以现金付讫。

（2）2日，签发现金支票5 000元，从银行提取现金，以备日常开支需要。

（3）8日，银行转来扣税凭证，以银行存款缴纳税款1 580元。

（4）10日，从银行取得半年期借款50 000元，存入银行。

（5）31日，签发支票32 000元，通过银行转发企业员工工资。

（6）31日，仓库保管员交来现金60元，偿还上月欠交赔款。

（7）31日，收到银行通知，购货单位偿还上月所欠货款95 000元，已收妥入账。

要求：

（1）编制记账凭证。

（2）设置“现金日记账”和“银行存款总分类账”，根据会计分录登记现金日记账和银行存款日记账。

现金日记账

20××年		凭证		摘要	对方科目	借方	贷方	余额
月	日	字	号					
8				期初余额				1 800

续表

20××年		凭证		摘要	对方科目	借方	贷方	余额
月	日	字	号					

银行存款日记账

20××年		凭证		摘 要	对方科目	借方	贷方	余额
月	日	字	号					
8	1			期初余额				978 000

2. 练习错账更正

某企业在20××年10月31日进行账证核对时，发现下列几笔经济业务的记录有错误，它们都已根据记账凭证全部登记入账。要求：根据资料判断错误类型，采用适当的方法予以更正。

（1）5日，开出现金支票1 500元支付对甲单位的购货款。原编记账凭证如下：

借：应付账款——甲单位　　　　　　　　1 500
　　贷：库存现金　　　　　　　　　　　　1 500

（2）7 日，开出转账支票 3 680 元，缴纳上期增值税额。原编记账凭证如下：

借：利润分配　　　　　　　　　　　　3 680
　　贷：银行存款　　　　　　　　　　　　3 680

（3）12 日，生产车间领用原材料 375 元，用于一般消耗。原编记账凭证如下：

借：制造费用　　　　　　　　　　　　735
　　贷：原材料　　　　　　　　　　　　　735

（4）20 日，报销财务部购入的文件夹 20 个，共计 350 元，现金支付。原编记账凭证如下：

借：财务费用　　　　　　　　　　　　350
　　贷：库存现金　　　　　　　　　　　　350

项目6 财产清查

项目情景设计

晓莉通过半年会计基础课程的学习，基本掌握了凭证的填写、账簿的登记方法。年末晓莉自家亲戚开办的佛山市天好制造有限公司的会计要辞职，晓莉妈妈想让她接手自家企业的财务工作。晓莉觉得自己对自家企业情况一点儿都不了解，在老师的指导下，晓莉决定对自家企业的财产状况进行全面的盘查，一方面摸清家底，另一方面了解财产管理有没有漏洞。那该怎样开展财产的清查呢？清查发现问题后又该怎样处理呢？晓莉决定边做边摸索。

项目目标

知识目标：理解财产清查的概念；了解财产清查的种类；掌握各种财产物资的清查方法和财产清查结果的账务处理。

能力目标：能正确地选择清查方法开展财产清查；能编制银行存款余额调节表；能够进行财产清查结果的处理。

素养目标：培养从细节入手、操守为重、做合格会计人的意识。

项目分析

财产清查是一种专门的会计核算方法。在实际工作中，由于各种原因会造成账存数与实存数不一致，为了保证企业的各项财产物资账实相符，确保会计核算资料的真实、准确以及财产物资的安全、完整，企业需要进行财产清查工作。

任务1　认识财产清查

一、任务导入

晓莉来到自家企业后，发现企业的财产物资也不少，她不知道从何入手。

你能告诉她财产清查到底查什么，怎么清查吗？

二、任务分析

要完成财产清查工作，对于财产清查的目的、范围、清查的时间要有一个清楚的认识。

三、知识百宝箱

（一）什么是财产清查

财产清查是指通过对实物、库存现金的实地盘点和对银行存款、往来款项的核对，确定各项财产物资、货币资金、往来款项的实有数，查明账存数与实存数是否相符的一种会计核算的专门方法。

在日常工作中，一些客观或人为原因会导致某些账簿记录与实际结存数出现差异，具体表现为以下 6 个方面：

（1）物资在保管过程中发生的自然溢缺，如风干、吸潮、散失等。

（2）在收发物资时，由于计量、检验不准确，造成品种、数量或质量上的误差。

（3）在财产物资增减变动时漏办了入账手续。

（4）因管理不善或工作人员失职而发生物资损坏、变质或短缺。

（5）因营私舞弊、贪污、盗窃等非法行为而发生的财产和物资损失。

（6）因未达账项而引起的数额不符等。

为了保持会计资料的客观真实，各单位必须在账簿记录的基础上进行财产清查，以准确反映财产物资和债权债务的真实情况，保证账实相符。

（二）财产清查的种类

1. 按财产清查的对象和范围分类

（1）全面清查。全面清查是指对全部财产进行盘点和核对，其清查对象主要包括：货币资金、实物资产、债权、债务等。全面清查范围广，工作量大，一般在年终决算或企业撤销、合并或改变隶属关系时进行。

（2）局部清查。局部清查是指对一部分财产所进行的清查，其清查对象主要是流动性比较强的财产，如每日出纳人员对库存现金的清查；每月将企业的银行存款、银行借款与银行相核对；对流动性较大的原材料和库存商品等根据需要随时轮流盘点或重点抽查。

2. 按清查的时间，分为定期清查和不定期清查

（1）定期清查。定期清查是指根据管理制度的规定和预先计划安排的时间进行的财产清查。一般是在年末、季末或者月末结账时进行。定期清查的范围

不确定，可以是全面清查，也可以是局部清查。

（2）不定期清查。不定期清查是指根据需要进行的临时性清查。一般在更换出纳人员和实物资产的保管人员、发生自然灾害或者意外损失、上级主管部门进行突击会计检查等情况下所进行的财产清查。

任务 2 认识财产清查的方法

一、任务导入

晓莉知道了清查的具体项目后，决定先对自家企业的实物资产开展清查，再对库存现金、银行存款、往来款项进行清查，这四类财产物资的清查方法一样吗？晓莉发现现金可以盘点出实际结存数，部分的实物也可以盘点，但有些又不能，那对于这些财产物资有什么方法可以清查出实际结存呢？

二、任务分析

实际工作中，由于货币资金、实物、往来款项的特点各有不同，在进行财产清查时，采用的清查方法也不同，不同的财产物资应采用与其特点相适应的清查方法。

三、知识百宝箱

（一）实物资产的清查

实物资产的清查主要是指对存货（原材料、辅助材料、低值易耗品、在产品、库存商品等）和固定资产等的清查。对各项实物资产都要从数量和质量上进行清查。由于实物资产的形态、体积、重量、堆放方式的不同，实物资产的清查通常可采用实地盘点和技术推算两种方法。

1. 实地盘点法

就是通过逐一清点或用计量器具来确定实物的实存数量的一种方法，其适用范围广，对大多数财产物资的清查都可以采用这种方法。

2. 技术推算法

通过量方、计尺等技术推算财产物资的实存数量的方法。这种方法适用于成堆、大量难以逐一清点的财产物资的清查，例如，露天堆放的煤炭等。

实物清查过程中，实物保管人员和盘点人员必须同时在场。对于盘点结果，要如实登记在盘存单上，并由盘点人员和实物保管人签字或盖章，以明确经济责任。盘存单既是记录盘点结果的书面证明，也是反映财产物资实存数的原始凭证，其一般格式如图 6-1 所示。

盘存单

单位名称：　　　　盘点时间：　　　　编号：

财产类别：　　　　存放地点：　　　　金额单位：元

编号	规格	名称	计量单位	数量	单价	金额	备注

盘点人：　　　　实物经管人：

图 6-1　盘存单

为了查明账实是否相符，确定盘盈或盘亏情况，还要根据盘存单和有关账簿记录，填制盘盈盘亏报告表，此表是用以调整账簿记录的重要原始凭证，也是分析产生差异原因、明确经济责任的依据。一般格式如表 6-1 所示。

表 6-1　**盘盈盘亏报告表**

年　月　日　　　　编号：

类别	名称	型号规格	计量单位	单价	数量		盘盈		盘亏		注
					账存	实存	数量	金额	数量	金额	

会计主管：　　　　复核：　　　　制表：

（二）库存现金的清查

库存现金的清查，包括人民币和各种外币的清查，都是采用实地盘点——即点票数来确定库存现金的实存数，再与库存现金日记账的账面结存额进行核对，以查明账实是否相符及盈亏情况。

由于现金的收支业务十分频繁，容易出现差错，需要出纳人员每日进行库存现金的清查，也需要对现金进行定期或不定期的清查。其方法是在出纳人员在场的情况下，由清查人员对库存现金进行实地盘点，清点现金后，将清查结果填入“库存现金盘点报告表”，由盘点人员和出纳人员签章，以明确责任。

其格式如表 6-2 所示。

表 6-2 **库存现金盘点报告表**

单位名称： 年 月 日

实存金额	账存金额	对比结果		备注
		长款	短款	

盘点人： 出纳员：

（三）银行存款的清查

银行存款的清查是通过将企业银行存款日记账与从银行取得的对账单逐笔核对的方法来进行的。

在实际工作中，企业银行存款日记账余额与银行对账单余额往往不一致，主要原因一方面可能是双方账目发生错账、漏账；另一方面可能存在未达账项。“未达账项”是指企业与银行双方记账时间不一致而发生的一方已入账，另一方尚未入账的款项。未达账项有以下四种情况：

（1）企业已收款入账而银行未收款入账的款项。

（2）企业已付款入账而银行未付款入账的款项。

（3）银行已收款入账而企业未收款入账的款项。

（4）银行已付款入账而企业未付款入账的款项。

上述任何一种情况的出现，都会使双方的账面存款余额不一致。

通过核对，如果发现企业有错账或漏账，应立即更正；如果发现银行有错账或漏账，应立即通知银行查明更正；如果发现有未达账项，则可通过编制“银行存款余额调节表”来检验双方结余数额是否一致。

【例 6-1】2020 年 4 月 30 日企业银行存款日记账的账面余额为 70 000 元，银行对账单的数额为 73 150 元，经双方逐笔核对，发现存在以下未达账项：

（1）企业因购买材料开出转账支票一张计 2 000 元，企业已入账，持票人尚未送银行。

（2）企业因销售产品收到转账支票一张计 5 850 元，企业已做收入入账，但银行未入账。

（3）银行代企业收取货款 12 000 元，银行已入账，但企业尚未收到收款通知。

（4）银行代付水费 5 000 元，银行已入账，但企业尚未收到付款通知。

根据上述资料，编制银行存款余额调节表如表 6-3 所示。

表 6-3 **银行存款余额调节表**

存款种类： 2020 年 4 月 30 日 单位：元

项 目	金额	项 目	金额
企业银行存款日记账余额	70 000	银行对账单余额	73 150
加：银行已收，企业未收 减：银行已付，企业未付	12 000 5 000	加：企业已收，银行未收 减：企业已付，银行未付	5 850 2 000
调整后的存款余额	77 000	调整后的存款余额	77 000

如果调节后双方余额相等，则一般说明双方记账没有差错；若不相等，则说明双方账面记录有差错，应进一步核对账目，查找原因予以更正。调节后，企业银行存款日记账仍保留原来的账面余额，不能根据银行存款余额调节表来调整账面记录，调节表不能作为记账的原始凭证。对于未达账项只有在收到有关凭证后，才能登记入账。

（四）往来款项的清查

往来款项主要包括各种应收、应付款项，预收、预付款项。往来款项的清查，采用与对方单位核对账目的方法进行。对外单位往来款项的清查，一般采用查询对账法，寄送一式两联的对账单给对方，其中一联作为回单，要求对方单位将对账结果注明退回。

任务 3 财产清查结果的处理

一、任务导入

晓莉对自家企业的各项财产物资清查完毕后，整理了一下清查报告单，发现查出的问题还不少，部分财产物资出现了盘亏、部分财产物资又出现了盘盈，对于出现的这些问题，晓莉该怎样处理呢？

二、任务分析

财产清查结束后，如果发现账实不符，则有可能是财产管理等方面有问题，应当认真分析研究，并做好相关的账务处理。对于晓莉发现的问题，先做审批前的处理，再做审批后的处理，合理吗？

三、知识百宝箱

（一）财产清查结果的处理要求

通过财产清查对各项财产物资发生的盘盈、盘亏等情况，应根据国家有关政策、法令和财政制度的规定进行处理。

（1）根据已查明属实的财产盘盈、盘亏数字，认真查找分析产生差异的原因，明确经济责任，提出处理意见。

（2）针对所发现的问题和缺点，认真总结经验教训，建立和健全财产管理制度，提出改进工作的措施，进一步加强财产管理，保护财产安全完整。

（3）调整账簿记录，做到账实相符。

（二）财产清查结果的账务处理

为了核算企业财产清查过程中查明的各种财产盘盈、盘亏和毁损的价值，需要设置“待处理财产损溢”账户，这是一个暂记性的账户。其结构如下：

待处理财产损溢

（1）登记盘亏、损毁的各项财产物资数额 （2）批准转销的各项财产物资盘盈的数额	（1）登记盘盈的各项财产物资的盘盈数额 （2）批准转销的各项财产物资的盘亏数额
处理前余额：尚未处理的各种财产物资的净损失 期末处理后没余额	处理前余额：尚未处理的各种财产物资的净溢余

1. 库存现金长短款的处理

现金长款若属于无法查明原因的应计入“营业外收入”；现金短款若属于责任人或保险公司赔偿的应计入“其他应收款 ”，属于无法查明原因的计入“营业外支出”。

【例 6-2】企业现金清查中，发现库存现金多于账面余额 60 元，原因尚未查明。会计分录为：

借：库存现金　　60

　　贷：待处理财产损溢——待处理流动资产损溢　　60

【例 6-3】如盘盈无法查明原因，经批准后，编制会计分录如下：

借：待处理财产损溢——待处理流动资产损溢　　60

　　贷：营业外收入　　60

【例 6-4】企业清查中，发现库存现金少于账面余额 45 元，原因未明。会计分录为：

借：待处理财产损溢——待处理流动资产损溢　45

　　贷：库存现金　45

【例 6-5】经查，短款为出纳人员工作疏忽造成的，应由其赔偿，编制分录如下：

借：其他应收款　45

　　贷：待处理财产损溢——待处理流动资产损溢　45

如上述短款无法查明原因，经批核销时，会计分录如下：

借：营业外支出　45

　　贷：待处理财产损溢——待处理流动资产损溢　45

2. 存货盘盈盘亏的处理

【例 6-6】企业清查中，发现盘盈甲材料一批，同类存货市场价格为 1 000 元，原因待查。

会计分录为：

借：原材料——甲材料　1 000

　　贷：待处理财产损溢——待处理流动资产损溢　1 000

【例 6-7】以后盘盈存货经批准核销时，会计分录如下：

借：待处理财产损溢——待处理流动资产损溢　1 000

　　贷：营业外收入　1 000

【例 6-8】企业清查中，发现盘亏乙材料 3 000 元，原因待查，会计分录如下：

借：待处理财产损溢——待处理流动资产损溢　3 000

　　贷：原材料　3 000

【例 6-9】经查，盘亏材料属于管理人员过失造成，应由过失人赔偿。

借：其他应收款　3 000

　　贷：待处理财产损溢——待处理流动资产损溢　3 000

若存货因发生非正常损失如自然灾害等造成存货毁损，扣除保险公司赔偿和责任人赔款以及残料收入后的净损失，应在“营业外支出”中列支。

3. 往来款项清查结果的处理

对经查明确实无法支付的应付款项和无法收回的应收款项，无须通过“待处理财产损溢”账户反映，而是在报经上级批准后直接转做“营业外收入”和“营业外支出”。

【例 6-10】财产清查中，发现应收某单位的货款 2 000 元，无法收回，经批准作损失处理。

借：营业外支出　　　　　　　　　　　　2 000

　　贷：应收账款——某单位　　　　　　　　　　2 000

【例 6-11】企业在财产清查中查明应付给某单位的欠款 4 000 元，因其已破产，无法偿还，经批准转销。

借：应付账款——某单位　　　　　　　　4 000

　　贷：营业外收入　　　　　　　　　　　　　4 000

项目总结

本项目通过介绍财产清查范围、财产清查方法以及财产清查结果的处理，让读者知晓财产清查的目的和意义，了解财产清查的范围内容及财产清查的时间，熟悉财产清查的方法，懂得如何对清查结果进行处理，从而保证企业财产物资安全。

职业技能训练

一、单项选择题

1. 财产清查按照（　　）可分为全面清查和局部清查。

A. 清查的时间　　B. 清查的方法　　C. 清查的地点　　D. 清查的范围

2. 技术推算盘点法适用于（　　）的清查。

A. 实物　　B. 现金　　C. 银行存款　　D. 往来款项目

3. 对现金进行盘点时（　　）必须在场。

A. 会计人员　　B. 出纳人员

C. 单位负责人　　D. 上级主管单位财务负责人

4. 企业对库存现金清查中发现的确实无法查明原因的长款应计入（　　）。

A. 其他业务收入　　B. 资本公积　　C. 盈余公积　　D. 营业外收入

5. 企业应付账款如确实无法支付，经批准后，应当（　　）。

A. 贷记“管理费用”科目　　B. 贷记“营业外收入”科目

C. 贷记“其他业务收入”科目　　D. 贷记“资本公积”科目

二、多项选择题

1. 财产清查按清查的时间分为（　　）。

A. 内部清查　　B. 定期清查　　C. 不定期清查　　D. 全部清查

2. 实地盘点法可用于（　　）的清查。

A. 实物　　B. 库存现金　　C. 银行存款　　D. 往来款项

3. 银行存款的清查，需将（ ）进行相互逐笔勾对。

A. 银行存款总账　　B. 银行对账单

C. 银行存款日记账　　D. 支票登记簿

4. 银行存款日记账与银行对账单不一致的原因有（ ）。

A. 企业出现记账错误　　B. 银行出现记账错误

C. 出现未达账项　　D. 出现已达账项

5. 下列各种情况中，需要进行全面财产清查的有（ ）。

A. 更换仓库保管人员　　B. 公司总经理调离工作时

C. 企业股份改制时　　D. 企业改变隶属关系时

三、判断题（正确的打“√”，错误的打“×”）

1. 银行存款的清查，主要是将银行存款日记账与总账进行核对。（ ）

2. 未达账项是造成企业银行存款日记账与银行对账单余额不等的唯一原因。（ ）

3. 在清查盘点实物时，可以由盘点人员单方面清点即可，保管员不需在场。（ ）

4. 各种结算往来款项的清查，必须派人亲自到对方单位核对。（ ）

四、业务分析题

1. 甲公司财产清查中发现如下问题：

（1）库存现金清查时，发现短款 56 元，属于出纳员的责任，尚未收到赔款。

（2）发现某材料盘盈 200 千克，单位成本 10 元，共计 2 000 元。经查原因不明。

（3）盘亏材料 10 000 元，可以收回的保险赔款和过失人赔款合计 6 000 元，剩余的净损失属于非常损失。

要求：根据业务情况分别编制会计分录。

2. 某企业“银行存款日记账”期末余额为 75 000 元，银行对账单上的余额为 73 900 元。经逐笔核对，查明有以下未达账项：

（1）企业销售产品，收到转账支票 2 000 元，送存银行，银行尚未收到款项。

（2）企业开出转账支票支付水电费 9 300 元，持票人未到银行兑取。

（3）银行收到企业委托代收的某公司购货款 1 000 元，企业未收到收款通知。

（4）银行已扣掉企业应付的借款利息 9 400 元，企业尚未收到付息通知。

要求：编制银行存款余额调节表。

银行存款余额调节表

存款种类：　　　　　　　　　　年　　月　　日　　　　　　　　单位：元

项　目	金额	项　目	金额
企业银行存款日记账余额		银行对账单余额	
加：银行已收，企业未收 减：银行已付，企业未付		加：企业已收，银行未收 减：企业已付，银行未付	
调整后的存款余额		调整后的存款余额	

项目7 编制财务报表

项目情景设计

编制会计报表是会计核算和会计工作的一项重要内容。在我国，会计报表的种类、内容、格式、编制的时间和方法都由统一的会计制度所规定。你知道目前会计需要编制哪些财务报表吗？你会编制吗？

项目目标

知识目标：能了解财务会计报表的概述，资产负债表的概念和利润表的概念，熟悉财务报表的基本内容。

能力目标：知道财务报表的种类和编制要求，能独立正确地编写简要的资产负债表和利润表，能说出资产负债表和利润表的基本结构。

素养目标：养成认真细致、诚实守信的职业品质。

项目分析

编制财务会计报表是会计核算工作的重要内容和最后环节，也是学习会计基础的重要组成部分。晓莉虽然已对日常发生的经济业务在会计凭证和账簿中作了连续、系统、全面的记录，但这些日常资料仍不能集中、概括、相互联系地反映单位的经济活动及其经营成果的全貌，满足信息使用者的需要。为此，晓莉必须提高认识，学会编制财务会计报表。

任务1 了解会计与会计职业

一、任务导入

晓莉要学会编制财务会计报告，首先要对财务会计报告的意义、作用有充分的认识，掌握编制的要求。小企业有哪些报表？又有哪些要求呢？

二、任务分析

财务报表是反映企业或预算单位一定时期资金、利润状况的会计报表。均由统一的会计制度作出规定，要求企业定期编报。

三、知识百宝箱

（一）财务报表概述

《小企业会计准则》第七十九条指出，财务报表是指对小企业财务状况、经营成果和现金流量的结构性表达。小企业的财务报表至少应当包括下列组成部分：①资产负债表；②利润表；③现金流量表；④附注。

财务报表按编报期间的不同，可以分为月度财务报表、季度财务报表和年度财务报表。小企业应当根据实际发生的交易或事项，按照本准则的规定进行确认和计量，在此基础上按月或者按季编制财务报表。

财务报表全面系统地揭示小企业一定时期的财务状况、经营成果和现金流量信息，有利于经营管理人员了解本单位各项任务指标的完成情况，评价管理人员的经营业绩；有利于投资者、债权人和其他有关各方掌握小企业的财务状况、经营成果和现金流量情况；有利于国家经济管理部门了解我国小企业经济的运行状况；有利于满足财政、税务、工商、审计等部门监督小企业的经营管理。

（二）编制会计报表的要求

各单位必须按照国家统一会计制度的规定，定期编制财务报告。企业的财务会计报告应当根据记录完整、审核无误的账簿记录和其他有关资料编制，做到数字真实、计算准确、内容完整、报送及时。

财务报告包括会计报表及其说明，会计报表包括会计报表主表、会计报表附表、会计报表附注。各单位对外报送的财务报告应当根据国家会计制度统一规定的格式和要求编制。会计报表应当根据登记完整、核对无误的会计账簿记录和其他有关资料编制，会计报表之间、会计报表各项目之间，凡有对应关系的数字，应当相互一致。各单位应当按照国家统一会计制度的规定认真编写会计报表附注及其说明，做到项目齐全、内容完整。任何人不得篡改或者授意、指使、强令他人篡改会计报表的有关数字。

任务2　编制资产负债表

一、任务导入

既然会计报表编制是必备的技能，那么在会计期间终了，如何根据账簿记录和国家规定的报表格式、内容和方法进行准确的编制呢？

二、任务分析

资产负债表为会计上相当重要的财务报表，最重要的功用在于表现企业整体的经营状况。资产负债表主要包含了报表左边算式的资产部分与右边算式的负债与股东权益部分。如何通过搜集、准备填报资料，正确填列表中各个栏目是掌握资产负债表编制方法的关键。

三、知识百宝箱

（一）资产负债表的概念

《小企业会计准则》第八十条指出，资产负债表是指反映小企业在某一特定日期的财务状况的报表。它是一张揭示小企业在一定时点财务状况的静态报表。

（二）资产负债表的编写依据

资产负债表利用会计平衡原则，将合乎会计原则的“资产、负债、股东权益”交易科目分为“资产”和“负债及股东权益”两大区块，在经过分录、转账、分类账试算、调整等会计程序后，以特定日期的静态企业情况为基准，浓缩成一张报表。

（三）资产负债表的基本结构

根据“资产=负债+所有者权益”这一会计恒等式，把小企业在特定日期所拥有的经济资源和与之相对应的小企业所承担的债务及偿债以后属于所有者的权益充分反映出来。资产负债表由资产、负债、所有者权益三个基本要素组成，采用左右账户式排列。报表的左方列示企业的各项资产，报表的右方列示企业的各项负债和所有者权益，报表左方的资产总计与报表右方的负债及所有者权益总计应保持平衡关系。资产负债表左方列示的资产按流动资产和非流动资产的类别加以反映，右方列示的负债和所有者权益按偿还的先后顺序排列，如图7-1所示。

下面首先我们说明资产负债表的基本结构，如表7-1所示。

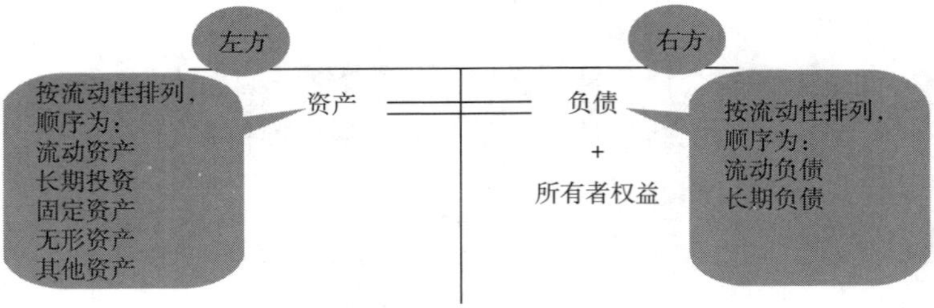

图 7–1　资产负债表的基本结构

表 7–1　　**资产负债表（简表）**

资产负债表　　会小企 01 表

编制单位：　　年　月　日　　单位：元

资产	期末余额	年初余额	负债和所有者权益	期末余额	年初余额
流动资产：			流动负债：		
货币资金			短期借款		
短期投资			应付账款		
应收票据			应付职工薪酬		
应收账款			应交税费		
预付账款			预收账款		
存货			应付利息		
流动资产合计			流动负债合计		
非流动资产：			非流动负债：		
长期债权投资			长期借款		
长期股权投资			长期应付款		
固定资产原价			非流动负债合计		
减：累计折旧			负债合计		
固定资产账面价值			所有者权益（或股东权益）：		
在建工程			实收资本（或股本）		
无形资产			资本公积		
长期待摊费用			盈余公积		
非流动资产合计			未分配利润		
资产合计			所有者权益（或股东权益）合计		
			负债和所有者权益合计		

（四）资产负债表的编制方法

1. 准备工作

（1）编制期末调整会计分录，做好企业期末的转账工作。

（2）将本月所发生的会计事项和月末的调整事项依据会计分录登记入账。

（3）结算出各账户的期末余额。

2. 编制方法

资产负债表内的数字主要是根据资产、负债和所有者权益三类项目中有关总分类账户的期末余额填列。表7-1“年初余额”栏内各项数字，应根据上年年末资产负债表“期末余额”栏内所列数字填列。“期末余额”各项目的内容和填列方法如下：

（1）直接填列的项目。如：

直接填列的项目		填列依据
资产	无形资产等	有关总分类账户借方余额
负债	短期借款、应付职工薪酬、应交税费、长期借款等	有关总分类账户贷方余额
所有者权益	实收资本、资本公积、盈余公积等	

“未分配利润”项目，根据“利润分配”科目的期末余额填列，弥补的亏损，在本项目内以“-”号填列。

（2）合计填列的项目。

合计填列的项目		填列依据
资产	货币资金	根据“库存现金”“银行存款”“其他货币资金”账户的期末余额合计数填列
	存货	根据“原材料”“库存商品”“在产品”等账户的期末余额汇总后填列
	固定资产	根据“国定资产”“累计折旧”账户余额计算填列
所有者权益	未分配利润	根据“本年利润”“利润分配”账户的余额计算填列

（3）分析填列项目。如：

分析填列项目		填列依据
资产	应收账款	根据“应收账款”“预付账款”总账所属相关明细账的期末借方余额合计数填列

【例7-1】假设天好制造有限公司2019年11月30日所编制的总分类账户期末余额表（表7-2）为：

表7-2

账户名称	借方余额	账户名称	贷方余额
库存现金	3 000	累计折旧	280 000
银行存款	2 500 000	短期借款	300 000
应收账款	550 000	应付账款	203 000
		应付利息	10 000
原材料	378 000	应付职工薪酬	669 000
库存商品	312 000	应交税费	130 000
生产成本	130 000	长期借款	1 000 000
长期股权投资	800 000	实收资本	5 000 000
固定资产	4 900 000	资本公积	610 000
无形资产	300 000	盈余公积	1 360 000
		利润分配	311 000
合计	9 873 000	合计	9 873 000

根据资料编制该公司的资产负债表，如表7-3所示。

表7-3　　　　　　　　**资产负债表**

会小企01表

编制单位：　　　　　　　　年　　月　　日　　　　　　　　单位：元

资产	期末余额	年初余额	负债和所有者权益	期末余额	年初余额
流动资产：		略	流动负债：		略
货币资金	2 503 000		短期借款	300 000	
应收账款	550 000		应付账款	203 000	
存货	820 000		应付职工薪酬	669 000	
其他流动资产	0		应交税费	130 000	
流动资产合计	3 873 000		应付利息	10 000	
非流动资产：			流动负债合计	1 312 000	
长期股权投资	800 000		非流动负债：		
固定资产原价	4 900 000		长期借款	1 000 000	

续表

资产	期末余额	年初余额	负债和所有者权益	期末余额	年初余额
减：累计折旧	280 000		其他非流动负债	0	
固定资产账面价值	4 620 000		非流动负债合计	1 000 000	
无形资产	300 000		负债合计	2 312 000	
其他非流动资产	0		所有者权益（或股东权益）：		
非流动资产合计	5 720 000		实收资本（或股本）	5 000 000	
资产合计	9 593 000		资本公积	610 000	
			盈余公积	1 360 000	
			未分配利润	311 000	
			所有者权益（或股东权益）合计	7 281 000	
			负债和所有者权益合计	9 593 000	

任务 3　利润表

一、任务导入

利润表与资产负债表一样是企业财务会计报告之一，那么在会计期间终了，如何根据账簿记录和国家规定的报表格式、内容和方法进行准确的编制呢？

二、任务分析

利润表是重要的财务报表，掌握结构、利用公式计算正确填列表中各个栏目是掌握利润表编制方法的关键。

三、知识百宝箱

（一）利润表概述

1. 利润表的定义

利润表是指反映小企业在一定会计期间的经营成果的报表。例如，某企业的年度利润表反映的就是该企业从 1 月 1 日至 12 月 31 日的经营成果。

2. 作用

第一，有助于使用者判断净利润的质量及其风险。

第二，有助于使用者预测净利润的持续性，从而做出正确的决策。

第三，有助于报表使用者可以一目了然地了解小企业的经营状况。

（二）利润表编制方法

按照《小企业会计准则》的规定，利润表中的费用应当按照功能分为营业成本、税金及附加、销售费用、管理费用和财务费用等。利润表至少应当单独列示反映下列信息的项目：营业收入、营业成本、税金及附加、销售费用、管理费用、财务费用、所得税费用、净利润等。

利润表的结构是按照收入、费用和利润及其所包括的项目之间的内存关系，以一定的格式排序。

（1）编表依据：收入–费用=利润。

（2）计算公式表示如下：

①营业利润=营业收入–营业成本–营业税金及附加–销售费用–管理费用–财务费用+投资净收益

②利润总额=营业利润+营业外收入–营业外支出

③净利润=利润总额–所得税费用

【例 7–2】假设天好制造有限公司 2019 年 12 月损益类科目的发生额如表 7–4所示，要求：编制利润表（表 7–5）。

表 7–4

科目名称	借方发生额	贷方发生额
主营业务收入	540 000	540 000
营业外收入	0	0
投资收益	0	0
主营业务成本	300 000	300 000
税金及附加	0	0
销售费用	80 000	80 000
管理费用	24 000	24 000
财务费用	3 000	3000
营业外支出	0	0
所得税	33 250	33 250

表 7-5　　利润表

会小企 02 表

编制单位：　　年　月　日　　单位：元

项目	本期金额	上期金额
一、营业收入	540 000	略
减：营业成本	300 000	
税金及附加	0	
销售费用	80 000	
管理费用	24 000	
财务费用	3 000	
加：投资收益（损失以“-”号填列）	0	
二、营业利润（亏损以“-”号填列）	133 000	
加：营业外收入	0	
减：营业外支出	0	
三、利润总额（亏损总额以“-”号填列）	133 000	
减：所得税费用	33 250	
四、净利润（净亏损以“-”号填列）	99 750	

该表“本月金额”栏反映各项目的本月实际发生额。

项目总结

本项目通过介绍会计报表、资产负债表和利润表的编制，要求学生了解小企业财务会计报告的概念、种类和编制要求，熟悉财务报表的内容，掌握资产负债表和利润表的编制方法，正确填列资产负债表和利润表的各个栏目。

职业技能训练

一、单项选择题

1. 资产负债表是反映小企业在（　　）财务状况的报表。

A. 某一特定时期　　B. 某一特定会计期间

C. 一定时间　　D. 某一特定日期

2. 根据“资产=负债+所有者权益”这一平衡公式填列的报表是（　　）。

A. 现金流量表　B. 报表附注　C. 资产负债表　D. 利润表

3. 资产负债表的左方结构中反映的是（　　）。

A. 流动资产和固定资产　B. 流动资产和非流动资产

C. 流动资产和流动负债　D. 固定资产和所有者权益

4. 根据“收入-费用=利润”这一平衡公式填列的会计报表是（　　）。

A. 现金流量表　B. 报表附注　C. 资产负债表　D. 利润表

5. 利润表是反映小企业在（　　）经营成果的报表。

A. 一定会计期间　B. 某一特定日期

C. 某一特定时期　D. 某一特定期间

二、多项选择题

1. 财务会计报表编制的要求是（　　）。

A. 数字真实　B. 计算准确　C. 内容完整　D. 报送及时

2. 构成资产负债表的基本要素有（　　）。

A. 资产　B. 负债　C. 所有者权益　D. 利润

3. 在资产负债表中，根据若干总账账户期末余额计算填列的项目是（　　）。

A. 货币资金　B. 存货　C. 固定资产　D. 未分配利润

4. 构成利润表的基本要素有（　　）。

A. 资产　B. 收入　C. 费用　D. 利润

5. 营业利润是由（　　）等内容组成的。

A. 主营业务收入　B. 主营业务成本

C. 营业费用　D. 税金及附加

三、判断题（正确的打“√”，错误的打“×”）

1. 编制财务会计报告必须做到数字真实、计算准确、内容完整、报送及时。（　　）

2. 资产负债表属于静态报表，利润表属于动态报表。（　　）

3. 企业的资产负债表是一张可以按年编制的报表。（　　）

4. 利润的总额即是反映企业一定时期财务状况的报表。（　　）

5. 利润表的各项目都是根据相应的损益类账户的本期发生额分析填列的。（　　）

四、业务实训题

1. 编制资产负债表

（1）新华公司 2019 年 11 月 30 日总分类账户余额表如下：

账户名称	借方余额	账户名称	贷方余额
库存现金	3 500	累计折旧	32 000
银行存款	132 000	短期借款	60 000
应收账款	16 000	应付账款	82 500
原材料	85 000	应付职工薪酬	155 000
库存商品	10 000	应交税费	34 000
生产成本	55 000	应付股利	100 000
固定资产	455 000	利润分配	186 000
无形资产	64 000	实收资本	171 000
合计	820 500	合计	820 500

（2）根据资料编制新华公司 2019 年 11 月 30 日的资产负债表。

资产负债表

会小企 01 表

编制单位：　　　　　　　　年　　月　　日　　　　　　　　单位：元

资产	期末余额	年初余额	负债和所有者权益	期末余额	年初余额
流动资产：			流动负债：		
货币资金			短期借款		
应收账款			应付账款		
存货			应付职工薪酬		
流动资产合计			应交税费		
非流动资产：			应付利润		
固定资产			流动负债合计		
无形资产			非流动负债：		
非流动资产合计			长期借款		
资产合计			非流动负债合计		
			负债合计		
			所有者权益（或股东权益）：		
			实收资本（或股本）		
			资本公积		
			盈余公积		
			未分配利润		
			所有者权益（或股东权益）合计		
			负债和所有者权益合计		

2. 编制利润表

（1）新华公司 2019 年 11 月 30 日有关账户发生额如下表：

账户名称	本期发生额	
	借方	贷方
主营业务收入	950 000	950 000
主营业务成本	480 000	480 000
税金及附加	90 000	90 000
销售费用	100 000	100 000
管理费用	85 000	85 000
财务费用	15 000	15 000
其他业务收入	12 000	12 000
其他业务成本	8 000	8 000
投资收益		
营业外收入	35 000	35 000
营业外支出	16 000	16 000
所得税费用	50 000	50 000

（2）根据资料编制新华公司 2019 年 11 月 30 日利润表。

利润表

会小企 02 表

编制单位：　　　　　　　　　年　　月　　日　　　　　　　　单位：元

项目	行次	本期金额	上期金额
一、营业收入	1		
减：营业成本	2		
税金及附加	3		
销售费用	11		
管理费用	14		
财务费用	18		
加：投资收益（损失以“-”号填列）	20		
二、营业利润（亏损以“-”号填列）	21		
加：营业外收入	22		
减：营业外支出	24		
三、利润总额（亏损总额以“-”号填列）	30		
减：所得税费用	31		
四、净利润（净亏损以“-”号填列）	32		

项目8　整理和保管会计资料

项目情景设计

月度终了，会计部门堆积了大量的会计资料，公司要求会计高维整理和装订这个月的会计凭证、财务报表等会计资料，并按照规定把装订好的会计资料交给相应的部门进行保管。

项目目标

知识目标：掌握整理会计资料的方法、装订会计资料的方法；熟悉会计资料的保管期限。

能力目标：掌握装订会计资料的方法，能准确区分各种不同会计资料的保管期限，清楚保管和借阅会计资料的有关规定。

素养目标：培养学生一丝不苟、严谨务实的职业意识。

项目分析

通过前面7个项目的学习，我们已经掌握了编制会计凭证、登账和编制财务报表的基本技能，而随着这些工作的进行会形成大量的会计资料。这些会计资料是记录企业经济业务的重要史料和证据，对企业的经营管理具有重要意义。因此，学会管理会计资料是本项目应学的技能。

任务1　装订会计资料

一、任务导入

单位会计人员在月底把所有的会计资料交给实习会计晓莉，要求她对会计资料进行分类整理，然后进行装订。晓莉应该怎样处理这些会计资料呢？

二、任务分析

会计资料在装订前必须进行分类整理，针对不同类型的会计资料会有不同的整理步骤。其中，会计凭证是会计资料的重要组成部分，《会计基础工作规范》对会计凭证的整理、装订和保管都有明确的要求。因此，晓莉要熟知会计凭证装订的方法，对会计凭证和其他会计资料及时装订。

三、知识百宝箱

（一）会计资料的整理

会计资料，主要包括会计凭证、会计账簿和财务会计报告等会计核算专业资料，它是会计核算的重要成果。会计资料的具体内容如表8-1所示。

表8-1　会计资料的内容

会计资料类型	包含的内容
会计凭证类	原始凭证、记账凭证
会计账簿类	总账、明细账、日记账、固定资产卡片、辅助账簿、其他辅助性账簿
财务会计报告类	月度、季度、半年度、年度财务报告（会计报表、会计报表辅助、财务情况说明书）
其他类	银行存款余额调节表、银行对账单、纳税申报表、会计档案移交清册、会计档案保管清册、会计档案销毁清册、会计档案鉴定意见书等

以会计凭证为例，会计凭证的整理要做到以下要点：

（1）把所有要归档的会计凭证收集齐全，检查凭证的附件（原始凭证）有否缺漏，把原始凭证按记账凭证的尺寸大小进行自右向左、自下向上折叠。

（2）按记账凭证的顺序号或时间逐张排放好。

（3）摘除凭证上的订书钉、回形针等金属物。

（4）检查凭证上有关人员（如会计主管、审核、记账、制单等）的印章是否齐全。

（5）将会计凭证按适当厚度分成若干本。

（二）会计资料的装订

会计资料的装订主要包括会计凭证、会计账簿、会计报表及其他资料的装订。下面主要介绍会计凭证的装订方法。

1. 角订法

材料准备：记账凭证封面、封底、对角纸（会计装订专用）、会计凭证装订机、胶水。

（1）将会计凭证向左上角对齐，将凭证封面和封底分别附在凭证前面和后面，把对角纸对准左上角，反面朝上；然后在凭证上用凭证装订机在左上角打两个孔（孔的位置、两孔的距离需要注意），插入切好的胶管进行装订，如图 8-1 所示。

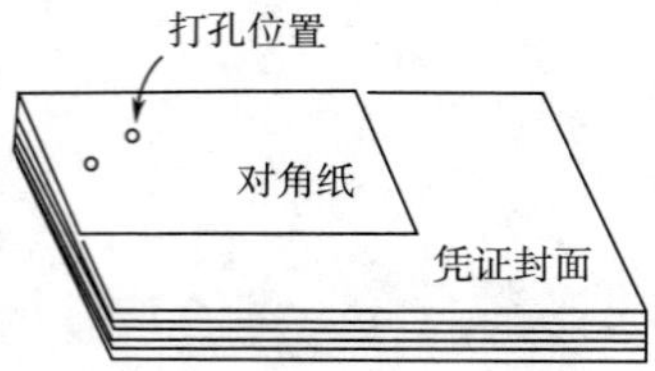

图 8-1

（2）在对角纸的反面上涂抹胶水，封角延虚线斜向上粘贴折叠，如图 8-2 所示。

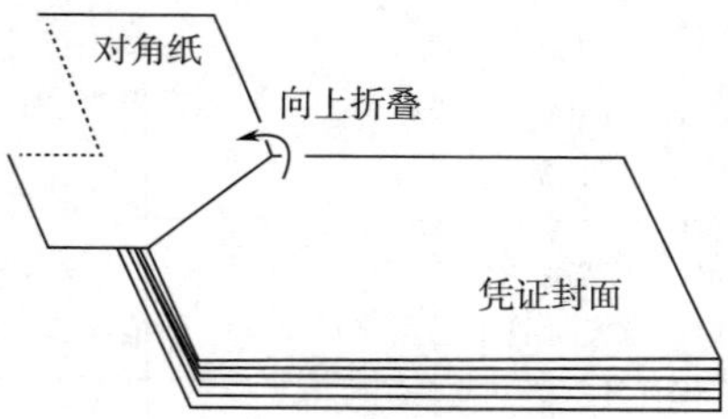

图 8-2

（3）把封角纸折到凭证背面，涂抹胶水覆盖二孔后粘贴好，如图 8-3、图 8-4 所示。

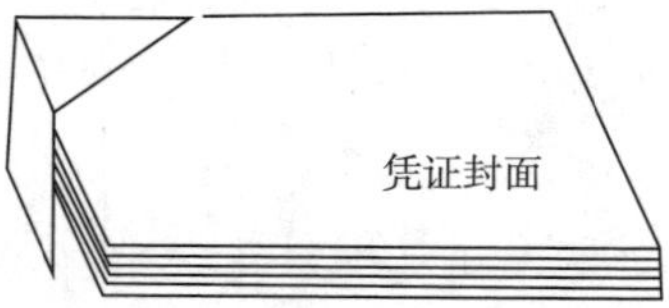

图 8-3

（4）填写会计凭证封面。

2. 侧订法

材料准备：记账凭证封面、封底、会计凭证装订机、胶水。

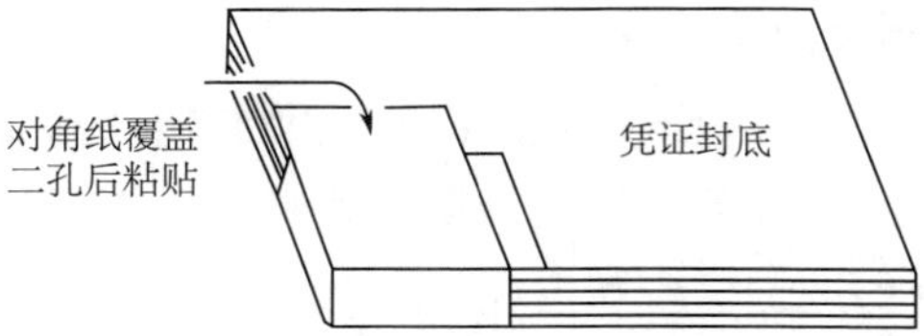

图 8-4

侧订法与角订法的不同之处是采用左侧面装订。为记账凭证加具封面后，在左侧打孔装订：距左边沿 1.5 厘米处均匀打 2 个孔或 3 个孔，利用胶管装订好，在装订处涂好胶水，并将背面翻折向后，粘好。随后填写会计凭证封面，会计主管在骑缝处盖章。

任务 2　保管会计资料

一、任务导入

晓莉经过一个月的辛苦工作，已经按要求把所有的会计资料装订好了，这些会计资料应该怎样保存？存放多久呢？

二、任务分析

《会计法》和《会计基础工作规范》对会计资料管理做出了原则性规定。单位应当加强会计资料管理工作，建立和完善会计资料的收集、整理、保管、利用等管理制度。因此，晓莉必须掌握保管会计资料的方法，知道会计资料的存放、借阅和保管期限。

三、知识百宝箱

（一）会计资料的存放

1. 当年形成的会计资料的保管

当年形成的会计资料，在会计年度终了后，可由单位会计机构临时保管一年，随后再移交单位档案管理机构保管。因工作需要推迟移交的，经由单位档案管理机构同意，可继续保管，但会计机构临时保管会计资料最长不超过 3 年。临时保管期间，出纳人员不得兼管会计资料的保管。

2. 会计资料移交档案机构后的保管

会计机构在办理会计档案移交时，应当编制会计档案移交清册。移交给档案机构保管后，原则上应当保持原卷册的封装。

（二）会计资料的借阅

单位保存的会计资料一般不得对外借出。如有特殊需要，经本单位负责人批准，在办理登记手续后，可以提供借阅或者复制。查阅或者复制会计资料的人员，严禁对会计资料进行篡改和损坏。

（三）会计档案的保管期限

会计资料的保管期限分为永久和定期两类。会计资料的保管期限是从会计年度终了后的第一天算起。永久，即指会计资料须永久保存；定期保管期限则一般分为10年和30年。各种会计资料的保管期限如表8-2所示。

表8-2　　会计资料的保管期限

序号	档案名称	保管期限	备注
一	会计凭证		
1	原始凭证、记账凭证	30年	
二	会计账簿		
2	总账、明细账、日记账、其他辅助性账簿	30年	
3	固定资产卡片		固定资产报废清理后保管5年
三	财务会计报告		
4	月度、季度、半年度财务报告	10年	
5	年度财务报告	永久	
四	其他会计资料		
6	银行存款余额调节表、银行对账单	10年	
7	会计档案移交清册	30年	
8	会计档案保管清册、会计档案销毁清册	永久	

项目总结

本项目通过介绍会计资料的分类、会计资料的整理以及会计资料的装订方法，让学生熟悉会计资料管理的规定，要求学生掌握会计资料收集与整理、装订的基本技能，以及会计资料保管的工作。

职业技能训练

一、单项选择题

1. 银行存款日记账的保管期限是（　　）。

A. 5 年　　B. 10 年　　C. 25 年　　D. 30 年

2. 企业年度财务会计报告的保管期限是（　　）。

A. 10 年　　B. 15 年　　C. 30 年　　D. 永久

3. 企业总账的保管期限是（　　）。

A. 25 年　　B. 15 年　　C. 永久　　D. 30 年

4. 《会计档案管理办法》规定，会计档案销毁清册的保管期限是（　　）。

A. 15 年　　B. 25 年　　C. 10 年　　D. 永久

5. 按照《会计档案管理办法》的规定，原始凭证的保管期限是（　　）。

A. 3 年　　B. 30 年　　C. 10 年　　D. 永久

二、判断题（正确的打“√”，错误的打“×”）

1. 会计档案是记录和反映经济业务事项的重要历史资料和证据。（　　）

2. 会计档案销毁清册不属于会计档案。（　　）

3. 各单位每年形成的会计档案，应当由会计机构负责整理立卷，装订成册，并编制会计档案保管清册。（　　）

4. 会计档案只包括具有法律效力的原始凭证。（　　）

5. 单位会计档案经本单位会计机构负责人批准后，可以外借。（　　）

参考文献

[1] 卢景. 基础会计 [M]. 广州：广东高等教育出版社，2016.

[2] 张玉森. 基础会计 [M]. 北京：高等教育出版社，2011.

[3] 广州市中等职业教育地方教材建设委员会. 会计基础 [M]. 广州：广东科技出版社，2018.

[4] 朱阳生. 基础会计项目化教程 [M]. 北京：电子工业出版社，2014.

[5] 小企业会计准则编审委员会. 小企业会计准则 [M]. 北京：人民邮电出版社，2018.